MICHAEL HOWARD

Finde deinen Schutzengel

W0046931

Buch

Der Flammenschein einer mit Andacht oder rituell entzün-
deten Kerze ist seit uralten Zeiten mit Magie verbunden.
Ebenso das rituelle Räuchern von Räumen mit besonderen
Kräutern und Duftstoffen. Einerseits können beide Methoden dazu benutzt werden, das Innen und Außen zu reinigen
und zu harmonisieren, andererseits dienen sie auch dazu,
sich mit seiner inneren Führung, seinem Schutzengel zu
verbinden. Insbesondere der Kontakt zu Schutzengeln kann
über diese Form der weißen Magie hergestellt werden, wie
Michael Howard in diesem praktischen Einführungsbuch
an vielen Beispielen zeigt.

MICHAEL HOWARD

FINDE DEINEN SCHUTZENGEL

Rituale mit Kerzen und Räucherwerk

Aus dem Englischen von
Monika Kaminski

GOLDMANN

Die Originalausgabe erschien unter
dem Titel »Finding Your Guardian Angel«
bei Thorsons, London.

Deutsche Erstausgabe

Umwelthinweis
Alle bedruckten Materialien dieses Taschenbuches
sind chlorfrei und umweltschonend.

Der Goldmann Verlag
ist ein Unternehmen der Verlagsgruppe Bertelsmann

Deutsche Erstausgabe September 1997
© 1997 der deutschsprachigen Ausgabe
Wilhelm Goldmann Verlag, München
© 1991, 1996 der Originalausgabe Michael Howard
Umschlaggestaltung: Design Team München
unter Verwendung einer Illustration von Liz Pyle
DTP-Satz: Barbara Rabus
Druck: Elsnerdruck, Berlin
Verlagsnummer: 13225
Lektorat: Olivia Baerend
Redaktion: Marion Schön
KF · Herstellung: Sebastian Strohmaier
Made in Germany
ISBN 3-442-13225-8

1   3   5   7   9   10   8   6   4   2

Zum Andenken
an meine Lehrerin in der
Kunst der Magie

MADELINE MONTALBAN

Das Licht wird
stets in der Dunkelheit
leuchten

INHALT

1. Kapitel

WAS IST KERZENMAGIE?

*S*eit Menschengedenken wurden Kerzen sowohl als Lichtquelle als auch als Symbol der Erleuchtung betrachtet. Wegen ihrer grundlegenden Wichtigkeit im täglichen Leben unserer Vorfahren waren Kerzen von Mythen und Legenden umgeben. Man könnte sich dabei eine prähistorische Höhle vorstellen: feucht, dunkel und ungastlich. Unter solchen Bedingungen entdeckten die frühen Menschen das Feuer, erkannten jedoch bald, daß seine Verwendung als Lichtquelle in einem begrenzten Raum eingeschränkt war. Also verwendeten sie Feuer zusammen mit Tierfett, wodurch ein schimmerndes Licht in den Höhlen erzeugt wurde. In seinem Schein malten sie die wundervollen Kunstwerke, die für ihre religiösen Riten so wichtig waren. Die erste Kerze war geschaffen worden.

Licht stand stets symbolisch für die Macht Gottes. In den überlieferten klassischen Mysterien symbolisierte es Aufklärung, Wissen und spirituelle Erleuchtung. Im Vergleich dazu wurde Dunkelheit im Volksgeist mit Ignoranz, dem Bösen und dem Abstieg in den Materialismus assoziiert. Die Initianden wußten jedoch, daß Licht ohne sein Gegenteil, die Dunkelheit, nicht existieren konnte: sie waren zwei Seiten derselben Münze. Es hieß, daß ein Priester den Initianden der ägyptischen Mysterien das große Geheimnis »Osiris ist ein schwarzer

Gott« ins Ohr flüsterte, wenn sie das innere Heiligtum erreichten – gemäß der alten magischen Maxime: »Ohne Dunkelheit gibt es kein Licht, und das Licht leuchtet in der Dunkelheit.« Der magischen Lehre zufolge trägt jede Person in ihrem Innersten den Funken göttlichen Lichtes, die Lebenskraft, die durch einwandfreies moralisches Verhalten zur Flamme einer größeren Spiritualität angefacht werden kann.

Auf diese Weise verglichen Mystiker die unsterbliche Seele mit der Flamme einer Kerze, die in der symbolischen Dunkelheit materieller Ignoranz flackert. Ihr klägliches Licht könnte von einem schwachen Luftzug ausgelöscht werden, doch in der Stille und Gelassenheit spiritueller Studien lodern die Flammen des Feuers noch höher. Genau wie im Leben bietet der Geist den drohenden Kräften des Bösen und der Trägheit trotz der Schwierigkeiten des täglichen Lebens die Stirn. Aus solchen alten Glaubenssätzen heraus wurde das Anzünden von Kerzen zu einer magischen Handlung und die Verwendung von Räucherwerk zu einer Methode der Kommunikation mit unsichtbaren Kräften, von denen die Alten glaubten, daß sie das Universum lenken würden. Von der Praxis der Magie mit Räuchermitteln wird später noch die Rede sein.

Heute hütet man sich allgemein davor, das Wort »Magie« zu verwenden, und die Praxis der Magie wird als Rest mittelalterlichen Aberglaubens betrachtet. Diese Fehleinschätzung resultiert aus den Jahrhunderten der Drangsalierung, in denen die christliche Kirche die alten heidnischen Religionen unterdrückte und den Glauben an psychische oder magische Kräfte als böse verdammte. Heute gibt es immer noch einen beunruhigenden Trend, die Praxis der magischen Künste und das Studium der magischen Wissenschaften mit Satanismus, Teufelsanbetung, schwarzer Magie und all dem Unsinn gleichzusetzen, der von den Autoren von Horrorgeschichten und der Sensationspresse zusammenphantasiert wurde. Mit dem wachsenden Interesse an Magie, heidnischem Brauchtum und okkulten Praktiken während der letzten dreißig Jahre werden diese Mißverständnisse und falschen Vorstellungen langsam korrigiert, aber es wird noch einige Zeit dauern, bis sie gänzlich der Vergangenheit angehören werden.

Das Wort »Magie« kommt vom lateinischen Plural »magi«, was Zauberer bedeutet. Ursprünglich bezog es sich auf eine Kaste von Priestermagiern, die vor vielen Jahrtausenden in Persien lebten. Diese Magi oder Magier praktizierten die dualistische Religion des Zoroastrismus, der in heidnischen Riten der Feuerverehrung wurzelte. In der Bibel ist festgehalten, daß drei weise Männer oder Magi dem Säugling Jesus magische Geschenke als Gaben brachten. Zu diesen Gaben gehörten die heiligen Räucherwerke Weihrauch und Myrrhe, die bei magischen Ritualen verwendet werden. Ein Magier oder Magus ist also lediglich eine weise Person, bewandert in den magischen (oder geheimen) Künsten, die der Mehrheit der Menschen im allgemeinen unbekannt sind.

Eine berühmte Definition besagt, daß Magie die Wissenschaft und Kunst ist, die wenig bekannten magischen Kräfte in Übereinstimmung mit der Kraft des Willens zu nutzen, um psychische und physische Veränderungen zu bewirken. Für den Magus wird das Universum von Kräften oder Energien bewohnt und kontrolliert, die

11

von der Wissenschaft noch nicht als solche erkannt wurden. Wer magische Künste praktiziert, betrachtet die natürliche Welt als sichtbare Manifestation einer viel größeren spirituellen Realität. Der Magier ist sich der Lebenskraft bewußt, die das Universum durchdringt; eine Kraft, die als Energiefeld sowohl innerhalb als auch außerhalb aller lebenden Dinge und sogar unbelebter Objekte wie Bäume und Steine existiert. Jene, die dem Pfad des »praktischen Okkultismus« folgen, können diese Lebenskraft oder Energie nutzen, um zu bewirken, was Außenstehende »magische« Ergebnisse nennen.

Das Abbrennen von Kerzen und Räucherwerk ist die einfachste aller magischen Handlungen, weil damit sehr wenig Ritualkenntnis verbunden ist, man wenig spezielle Artefakte oder Insignien benutzt und eine Sprache verwendet, die jeder verstehen kann. Bei der Kerzenmagie wird von dem Studenten nicht erwartet, Hebräisch, Latein oder Sanskrit zu beherrschen, oder für den Laien unverständliche theosophische und kabbalistische Texte zu studieren. Tatsächlich kann man die rituellen Werkzeuge für Kerzenmagie im Supermarkt kaufen und die magischen Handlungen bei sich zu Hause durchführen.

Sogar in alten Zeiten, als die Praxis der Magie oft zu den Aufgaben von Gelehrten gehörte, die lesen und schreiben konnten, war Kerzenmagie eine einfache und natürliche magische Kunst, die von gewöhnlichen Leuten praktiziert wurde, die keinen Zugang zu den akademischen Grimoires hatten, die gebildete Magier verwendeten. Obwohl Kerzenmagie nicht schwer zu erlernen ist, ist sie genauso wirksam wie die Worte der Macht und die theatralischen Riten, die von jenen praktiziert werden, die dem Pfad der hohen Magie folgen. Eine wichtige Lektion, die jeder Student der Magie lernen muß, ist, daß praktische Magie im wesentlichen ein einfaches Fach ist, das über die Jahrhunderte hinweg durch Geheimniskrämerei und Ignoranz kompliziert wurde.

Die meisten von uns werden mit Kerzenmagie etwa im Alter von zwei Jahren konfrontiert. Erinnern Sie sich an die Geburtstagsparties der Kinderzeit? Erinnern Sie sich, wie Sie die Kerzen auf dem Kuchen ausgeblasen und einen Wunsch ausgesprochen haben? Dieser schöne Brauch illustriert vorzüglich die grundlegenden Prinzipien der Magie wie Konzentration, Visualisation und die Verwendung eines fokussierenden Symbols. In anderen Worten ausgedrückt, bedeutet dies: Wenn man will, daß etwas geschieht, muß man sich zuerst konzentrieren (die Kerzen ausblasen) und dann sein Begehren (den Wunsch) mit der symbolischen Handlung des Kerzenauslöschens verbinden. Die eigene Willenskraft und ein starker Wunsch nach etwas Bestimmtem lassen den Traum wahr werden. Dies ist eine psychologische Technik, die der Praxis der Magie ähnelt — bis auf die Tatsache, daß der Magier glaubt, daß der Wille auf der psychischen Ebene, kombiniert mit der Anrufung natürlicher Kräfte und symbolischer Handlungen, die Bedingungen für das Erreichen magischer Resultate schafft.

Man muß nicht einer bestimmten Religion angehören, um Kerzenmagie oder andere magische Praktiken durchzuführen. Man kann Christ, Jude, Moslem, Hindu, Buddhist, Taoist, Heide oder nichts davon sein. Offensichtlich mißbilligen die etablierten monotheistischen Religionen magische Praktiken und magischen Glauben, die sie fälschlicherweise als ketzerisch oder dämonisch verdammen. Es ist auch für einen Agnostiker oder Atheisten sehr ungewöhnlich, Magie zu praktizieren, da die Bekenntnis zu einer Art höchsten Schöpfer dafür wesentlich ist. Ich nehme fast an, daß jeder, der dieses Buch liest, diese Voraussetzung erfüllt. Ohne diesen einfachen Glauben an einen Schöpfer wird jede Annäherung an psychische oder magische Dinge extrem erschwert.

Wenn wir uns näher mit dem Thema beschäftigen und beginnen, uns mit der Praxis z. B. von Ritualen zu befassen, könnte man sagen, daß die Kerzenmagie uns der Religion näherbringt, da die Leser sich dabei ertappen, die Unterstützung von Engelwesen anzurufen. Doch dabei steht es den Lesern oder Studenten frei, diese Wesen im Sinne ihrer eigenen persönlichen Glaubenssysteme zu interpretieren. Sie können als heidnische Götter, Personifikationen natürlicher Kräfte, archetypische Bilder, Heilige, Aspekte der menschlichen Psyche oder was auch immer gesehen werden. Immer wenn der Leser möchte, kann er seine Lebensquelle oder irgendeine ihm heilige Gottheit um Hilfe bitten.

Das Konzept der Engelshierarchie existiert in vielen verschiedenen Kulturen. Damit können sich die Studenten identifizieren und während des Rituals vor Augen halten. Die von Menschen geschaffenen religiösen Systeme sollen verwendet werden, um Göttlichkeit zu klassifizieren und zu definieren. Soweit es die Initiierten betraf, war dies immer der Fall. Die heidnischen Götter und Göttinnen, die Engel, Heiligen etc. sind für die Menschen die Personifikationen der verschiedenen Eigenschaften der Lebenskraft oder des Schöpferprinzips, das das Universum durchdringt und in Gang hält. Diese

Aspekte von Göttlichkeit werden als repräsentative archetypische Bilder dargestellt, die im Laufe der Geschichte der verschiedenen Kulturen entstanden.

Die Unterwelt des Unbewußten

Die drei Voraussetzungen, um Kerzenmagie zu praktizieren, finden sich in den magischen Prinzipien der Konzentration, Visualisation und Willenskraft wieder. Am Anfang des magischen Aktes versucht der Geist des Praktizierenden diese drei Voraussetzungen zu erfüllen, wie auch jeder, der im Zuge einer magischen Handlung eine Kerze abbrennt, versuchen sollte, die Kräfte des Geistes zu befreien und zu nutzen. In alter religiöser Symbolik wurde der Geist als geflügelte Schlange dargestellt und ist als königliche Kobra auf der Krone der ägyptischen Pharaonen zu sehen, die magisch Initiierte waren. Einer der wesentlichen Glaubenssätze der Magie lautet, daß der Geist in drei verschiedene Wirkungsebenen aufgeteilt ist: das Bewußte, das Unterbewußte (oder Unbewußte) und das Über-Ich. Diese Aufteilung ist auch in einigen aufgeklärten Formen der Psychologie zu finden, die viele der alten magischen Glaubenssätze in moderner Form übernommen hat.

Unter normalen Umständen ist während der Wachstunden unser Bewußtsein aktiv und kontrolliert unsere physischen Funktionen und intellektuellen Reaktionen. Während des Schlafes und in Perioden physischen und mentalen Stresses während der Wachstunden übernimmt das Unterbewußtsein die Regie. Diese Periode mentaler Aktivität wird durch Fantasien, unbewußte

Handlungen und Emotionen charakterisiert, und im Schlafzustand durch Träume, Alpträume und manchmal Visionen. Diese steigen aus der Unterwelt des Unbewußten auf, wo die atavistischen Bilder und Wünsche unserer animalischen Natur schlummern. Bei einem psychisch Gesunden in der Schlaf- oder Wachphase funktioniert auch das übernatürliche Ich. Seine Aufgabe besteht darin, beide Aspekte des Bewußtseins zu integrieren. Eine Störung dieser Funktion kann zu nervösen Zusammenbrüchen oder Geisteskrankheit führen, besonders zu Schizophrenie. Obwohl uns sowohl die unterbewußten als auch die bewußten Aspekte unseres Bewußtseins bekannt sind, ist der Durchschnittsmensch fast noch nie seinem übernatürlichen oder höheren Selbst begegnet.

Bei der Ausübung jeder Form von Magie ist es das Hauptziel des Magiers, das Bewußtsein zu überlisten, das oft angefüllt ist mit rationalen, vorgefaßten Meinungen und einschränkenden, konventionellen Verhaltensmustern. Um mit dem Unterbewußtsein Kontakt aufzunehmen, muß man diese Prägungen überwinden. Das Unterbewußtsein reagiert nicht nur auf den Intellekt oder den Gebrauch von Worten, sondern auch auf die geheime Sprache von Symbolen, die Verwendung von Bildern und den Reiz physischer Wahrnehmungen. Es ist die Ebene, auf der wir psychische oder intuitive Gefühle, unsere stärksten Emotionen, erleben und andersweltliche Erfahrungen wie Astralreisen oder Telepathie machen. Einmal befreit und von der Disziplin des Magiers kontrolliert, agiert das Unterbewußtsein als Sklave oder »Geist in der Lampe«, der für den Meister die erwünschten Ergebnisse erzielt.

Einige erfahrene Magier suchen statt dessen direkten Kontakt mit dem Über-Ich oder höheren Selbst, das in alten magischen Büchern als heiliger Schutzengel bezeichnet wurde. Nicht jeder Magier hat so hohe Ziele, doch von diesem magischen Verfahren wird dennoch an anderer Stelle in diesem Buch die Rede sein. Jetzt konzentrieren wir uns zuerst auf den Kontakt mit dem Unterbewußtsein, das von dem Magier zum Zweck der Wunscherfüllung angerufen wird. In der Praxis kann Kerzenmagie dem Ausübenden helfen, die Liebe anderer zu gewinnen, im Dienste der Menschheit zu heilen, die eigene finanzielle Lage zu verbessern, die Psyche anderer besser zu verstehen und auf dem Weg zu spiritueller Erleuchtung voranzukommen.

Doch bevor wir zum praktischen Teil der Magie kommen, sind warnende Worte angebracht. Genau wie alle Instrumente der magischen Kräfte ist die Magie ein zweischneidiges Schwert. Magische Kraft als solche ist weder gut noch böse; sie ist eine neutrale Form natürlicher Energie. Meine Lehrerin in magischer Kunst verglich sie mit Elektrizität, die nützlich ist, um den Inhalt eines Kessels zum Kochen zu bringen, aber Verletzungen verursachen oder sogar zum Tod führen kann, wenn sie falsch angewendet wird. In ähnlicher Weise kann magische Energie verwendet werden, um zu heilen oder zu verfluchen. Die Motive und Handlungen des Praktizierenden bestimmen, ob das Ergebnis eines Rituals letztendlich positiv oder negativ ausfällt.

Es hängt ganz offensichtlich vom Grad der spirituellen Reife ab, die der Student besitzt, auf welche Weise die Energie genutzt wird, die in magischen Ritualen entsteht. Die Praxis der Magie hat jedoch einen eingebauten pannensicheren Mechanismus. Wenn sie für den falschen Zweck verwendet wird, kann magische Energie auf den Nutzer zurückfallen, und ihre Wirkung ist umgekehrt viel größer als der ursprünglich ausgesandte Impuls. Diese Tatsache kommt in dem alten Sprichwort über die Kraft von Flüchen, die dreifach zum Absender zurückkehren, zum Ausdruck. Dumme Menschen, die mit den magischen Kräften nur spielen oder sich oberflächlich damit beschäftigen, werden sich schließlich die Finger verbrennen, bevor sie lernen, das Thema ernst zu nehmen.

Dieser Führer für praktische Kerzen- und Räucherwerkverbrennung schließt alle Rituale oder Praktiken aus, die beim Leser Schaden anrichten oder für negative Zwecke mißbraucht werden könnten. Mein Vertrauen in die Intelligenz und den gesunden Menschenverstand meiner Leser gibt mir die Sicherheit, daß sie nicht den Wunsch haben, Kerzenmagie allein aus unmoralischen Absichten oder zum Schaden der Gesellschaft zu praktizieren.

2. Kapitel

Vorbereitung des magischen Rituals

Die vor jeder Art von magischer Arbeit durchzuführende Vorbereitung ist fast so wichtig wie das Ritual selbst. Zuallererst sollte der Praktizierende positiv eingestimmt sein, d. h. davon überzeugt sein, daß alles möglich ist. Bei diesem Akt des positiven Denkens und der Affirmation sind die Grenzen der eigenen Vorstellungskraft die einzigen Hemmnisse. Man kann so ziemlich alles erreichen – wenn man daran glaubt. Oft beschweren sich Menschen, daß das Ergebnis eines magischen Aktes nicht wunschgemäß sei, und es ist viel zu einfach, den Techniken, den Werkzeugen oder sogar dem armen alten Lehrer die Schuld zu geben. Wenn man es genauer betrachtet, ist der Grund des Versagens keiner der vorher erwähnten, sondern der Student ist die Ursache, da er nicht gewillt war, sich richtig auf die bevorstehende Aufgabe vorzubereiten. Magie ist harte Arbeit, und man muß viel leisten, um Ergebnisse zu erhalten. Es ist nichts für Faule oder Dilettanten, die bald auf der Strecke bleiben werden.

Selbstvertrauen ist dafür unentbehrlich, genauso wie die Fähigkeit, Spannungen zu lösen und sich der Praxis der magischen Künste entspannt und doch vorsichtig zu nähern. Der zukünftige Magier muß sich für die natürlichen Energien öffnen, die durch das Universum fließen, und alles vermeiden, was angespannt oder »nervös«

macht. Ist man ein gar zu eifriger Student, kann dies genauso behindern, wie eine zu sorglose Annäherung an die Magie. Dabei ist es oft sehr hilfreich, jeden Tag diszipliniert einige Minuten lang zu meditieren, um die notwendige entspannte Haltung zu erreichen, doch stellt dies keine unabdingliche Vorbedingung für die magische Praxis dar.

Wie bereits dargelegt, erfordert Kerzenmagie wenige Werkzeuge oder theatralische Zeremonien, obwohl — wie bei allen Anwendungen praktischer Magie — einige Accessoires nötig sind. Die wichtigste Rolle dabei spielen natürlich die Kerzen selbst, die das Zentrum des Rituals bilden. Welche Art von Kerzen sind zur Verwendung in der Magie am besten geeignet? Größe und Form sind nicht wirklich wichtig, obwohl es wahrscheinlich keine gute Idee ist, Kerzen mit modernen Formen und Dekorationen zu kaufen, die den Studenten ablenken könnten. Wenn irgend möglich, versuchen erfahrene Praktizierende der Magie gewöhnlich, Kerzen in einer Standardgröße und Standardform zu verwenden. Das ist einfach für den Magier, und darum geht es schließlich in der Magie. Haushaltskerzen, die in vielen verschiedenen Farben käuflich sind, werden dafür empfohlen.

In den alten magischen Abhandlungen legte man großen Wert auf Reinheit, und man liest oft vom mittelalterlichen Magus, der ein Gewand aus *jungfräulicher* Wolle trug und seine Zaubersprüche auf *jungfräuliches* Pergament schrieb. Bei der Kerzenmagie sollten die Kerzen ähnlich brandneu sein und für keinen anderen Zweck verwendet werden. Man darf beispielsweise niemals eine Kerze benutzen, die als Tischdekoration oder Nachtlicht angezündet wurde. Es gibt bei der praktischen magischen Arbeit sehr gute Gründe für die absolute Jungfräulichkeit der Materialien – nämlich die, daß die Schwingungen oder Einflüsse, die Materialien aus zweiter Hand aus anderen Quellen aufnahmen, das Ergebnis der Kerzenmagie schmälern.

Aus demselben Grund ziehen es einige Magier vor, ihre eigenen Kerzen herzustellen. Dies kann sehr nützlich sein, da die Kerze mit den persönlichen Schwingungen seines Herstellers durchdrungen wird, und der Magier das Wachs beim Akt der Schöpfung auch mit seinen eigenen Gedanken, Wünschen und Lebenskraft beseelt. Kerzen herzustellen ist nicht schwierig; es ist eine sehr beliebte Freizeitbeschäftigung; und es gibt heute viele Kunst- und Bastelläden, die Wachs, Dochte, Parfüms und Formen auf Lager haben, oft in einfacher, abgepackter Form für den Anfänger auf diesem Gebiet.

Um Kerzen herzustellen, muß das Wachs erhitzt werden, bis es flüssig ist. Dann wird es in eine passende Form mit einem präparierten Dochtfaden gegossen, die entweder gekauft oder selbst gemacht wurde. Das Wachs wird so lange in der Form gelassen, bis es sich durch den natürlichen Prozeß des Abkühlens erhärtet hat. Dann kann die Form entfernt werden, und die neue Kerze ist fertig. Während des Erhitzens und Abkühlens des Wachses können Farben und Duftstoffe hinzugefügt werden, passend für das jeweilige magische Ritual. Oft bieten Bastelläden Bücher mit Anleitungen zur eigenen Kerzenherstellung an. Nicht nur aus der Sicht des Magiers lohnt es sich, Kerzen herzustellen, es ist auch durchaus ein gewinnbringendes Hobby.

Wenn man seine Kerzen zur Hand hat, ist man bereit, sein erstes magisches Ritual durchzuführen. Viele Menschen erschreckt der Gedanke, irgendeine Art von Ritual durchzuführen, da dies in unserer Gesellschaft traditionell nur einem Priester zukommt. Die etablierten Religionen, zuletzt die jüngste protestantische Bewegung, haben nur wenig zur persönlichen Teilnahme an Ritualen ermutigt. Der Zweck eines Rituals ist in der Tat ganz einfach der, eine Struktur zur Verfügung zu stellen, in der die magischen Prinzipien praktiziert werden können, die vorher festgelegt wurden. Es kann zu einem Ritual werden, ein Feuer anzuzünden oder eine Tasse Tee aufzubrühen, und die Japaner haben die Zeremonie des Teetrinkens auf religiöses Niveau erhoben.

Bevor wir mit dem Ritual beginnen, ist es unentbehrlich, einen Ort auszuwählen, der passend für die Ausführung unserer magischen Arbeit ist. Ein bis ins einzelne eingerichteter Tempel ist nicht notwendig, es sei denn, man ist in der glücklichen Lage, in einem freien Raum seines Hauses Platz dafür zu haben. Ein gewöhnlicher Raum genügt, vorausgesetzt, es gibt genug Platz, um darin zu arbeiten. (Raum ist wichtig, weil Feuer gefährlich werden kann, wenn man damit arbeitet.) Absolute Ruhe ist für magische Arbeit das A und O. Um sicherzustellen, daß Sie bei Ihren Handlungen nicht gestört werden, sollten Sie den Stecker Ihres Telefons herausziehen.

Absolute Ruhe ist oberstes Gebot

Wo auch immer man sich zu arbeiten entscheidet: absolute Ruhe ist oberstes Gebot, es sei denn, man möchte seine Lieblingsmusik hören, um in Stimmung zu kommen. Kerzenmagie erfordert absolute Konzentration, und das ist mit Hintergrundlärm nicht möglich. Es gibt nichts Schlimmeres als die Aufmerksamkeit durch ein klingelndes Telefon, einen vorbeifahrenden Bus oder eine Gruppe von Fußballfans, die vor dem Fenster feiern, zu stören. Die Gegenwart kleiner Kinder oder schlecht erzogener Tiere in unmittelbarer Nähe sind ebenfalls offensichtliche Ablenkungen, die vermieden werden müssen.

Man sollte zunächst dafür sorgen, daß der Raum gut durchlüftet und die Temperatur weder zu heiß noch zu kalt ist. Dies scheint eine ziemlich alberne Vorsichtsmaßnahme zu sein, aber wenn man ungefähr eine Stunde lang magische Handlungen in einem begrenzten Raum vornehmen muß, wobei Kerzen und Räucherwerk verbrannt werden, sollte das persönliche Wohlbefinden, das für gute Ergebnisse absolut notwendig ist, in keinster Weise beeinträchtigt werden.

Persönlich habe ich es niemals befürwortet, daß man seinen Körper der Folter und physischer Unbequemlichkeit wie beispielsweise dem Fasten aussetzen muß, um erfolgreich in der Magie zu sein. Es ist natürlich keine gute Idee, sich direkt nach einem schweren Essen oder Alkoholgenuß an irgendeiner magischen oder psychischen Arbeit zu versuchen, da beides uns zu einer Zeit, da man klaren Kopfes und hellwach sein muß, psychisch träge und physisch müde macht.

Viele Magier bevorzugen es, einige Stunden vor einer Betätigung nichts zu essen; andere wählen eine vegetarische Diät, die Tierprodukte und Alkohol ausschließt. Dies ist jedoch eher eine persönliche Entscheidung als eine Doktrin der Magie. Ein Verbot sexueller Aktivität 24 Stunden vor einem magischen Ritual wird von erfahrenen Magiern ebenfalls als nützlich angesehen. Es hilft, die psychischen Batterien, die durch den sexuellen Akt aufgebraucht werden, »aufzuladen«. Obwohl sexuelle Energie bei der Magie Verwendung findet, ist bei der Kerzenmagie dies traditionsgemäß nicht der Fall.

Gewöhnlich nimmt der Magier auch ein Bad, bevor er mit einem Ritual beginnt. Dies ist ein symbolischer Akt, der negative Gedanken und äußere Einflüsse genauso hinwegwäscht, wie es den Körper reinigt. Es reinigt auch symbolisch die Aura oder das Energiefeld um den Körper.

Besondere Kleidung ist nicht so wichtig, vorausgesetzt, daß das, was man trägt, funktional, weit geschnitten, sauber und bequem ist. Einige Magier bevorzugen besonders angefertigte Ritualgewänder, die für die »Trennung« von der äußeren Welt stehen. Man kann Gewänder für die Meditation kaufen oder sein eigenes schneidern, es sollte nur wie ein Kaftan aussehen, mit oder ohne Kapuze. Einige Ausübende bevorzugen es, im Adamskostüm zu arbeiten, da sie glauben, daß die natürliche Lebenskraft des Körpers durch Kleidung eingeschränkt wird. Künstliche Stoffe wie Nylon blocken die Körperenergie natürlich mehr ab als natürliche Materialien wie Wolle, Seide oder Baumwolle. Der Gedanke an heißes Wachs, das in alle Richtungen spritzt, sollte für Sie jedoch ein überzeugendes Argument sein, die Kleider anzubehalten!

Bei der Kerzenmagie kann auch Räucherwerk verwendet werden, um eine passende Atmosphäre zu schaffen, und als Mittel zur Stimulation geistiger, emotionaler und psychischer Sinne. Man kann bei der Magie gleichzeitig Räucherwerk und Kerzen verwenden, indem man Wachskerzen kauft oder herstellt, denen Parfüm oder Weihrauchkörner hinzugefügt wurden. Wir werden die verschiedenen Räucherwerke und ihre entsprechenden Verwendungen später im Buch eingehender untersuchen.

Bevor man mit dem Ritual beginnt, ist einer der wichtigsten Abschnitte der Kerzenmagie das »Präparieren« oder Ölen der Kerzen. Diese ziemlich eigentümliche Praxis war jahrhundertelang ein wesentlicher Bestandteil der Kerzenmagie. Der Gedanke dahinter ist, ein psychisches Bindeglied zwischen der Kerze und dem Magus zu schaffen, indem man die Kerze berührt. Durch den Akt des physischen Ölens der Kerze läßt man durch die Hände hindurch seine Schwingungen einfließen und lädt sie mit der eigenen Lebenskraft auf. Die Kerze wird praktisch zur Verlängerung der eigenen Persönlichkeit und Willenskraft, was die eigentliche Funktion jedes magischen Werkzeuges ist. Bei der Präparierung einer Kerze wird sie als psychischer Magnet betrachtet, der einen »Nordpol« und einen »Südpol« hat. Wenn man die Kerze salbt, reibt der Ausübende die Flüssigkeit sanft in das Wachs, wobei man am oberen oder Nordende beginnt und sich bis zur Hälfte hinunterarbeitet. Die ganze Zeit wird das Öl nach unten gestreift. Der Prozeß wird dann umgekehrt wiederholt, am unteren oder Südende beginnend, und man arbeitet sich bis zur Mitte der Kerze hinauf.

Da die Ausübung der Kerzenmagie ziemlich vernachlässigt wurde, wird der Studierende auf natürliche Öle oder Parfüms zurückgreifen müssen, um die Salbung vorzunehmen. In den letzten Jahren haben die Händler von Produkten für magische Rituale begonnen, Kerzenöle zu verkaufen. Viele davon haben hohe Preise, und der Käufer zahlt vor allem für den Namen, die teure Verpackung und die Werbungskosten. Es ist besser, den eigenen gesunden Menschenverstand und Erfindungsreichtum einzusetzen, um die passenden, nicht entflammbaren Öle zum Zweck der Präparierung zu finden.

Während man die Kerze einölt, konzentriert sich der Geist auf den Zweck der Arbeit. Versenken Sie sich in den Zweck des Rituals, visualisieren Sie sein gewünschtes Ergebnis und sehen Sie Ihre Wünsche als erfüllt an. Bei diesem Vorgang projizieren sie ihre Gedanken unbewußt in den Äther, und so werden Gedanken lebendige Gestalten, die Flügel haben. Indem du ein astrales Bild von dem aufbaust, was du dir wünschst, wird dank deiner Bemühungen eine Blaupause für die Realität geschaffen.

Projizierte Gedankenformen

Magische Energie wird durch den Magus konzentriert, fokussiert und kanalisiert, indem er Bilder verwendet, die zunächst in der Vorstellung oder im astralen Reich erschaffen werden. Wenn der Magier diese Energie ausrichtet, nimmt das Bild, das er geschaffen hat, in der materiellen Welt physische Realität an.

Das Traumhaus eines Architekten, der Bestseller eines Autors und das Meisterwerk eines Malers wurden zuerst in der Vorstellung, im Bewußtsein des Künstlers, erschaffen. Folglich muß jede abgeschlossene Handlung und jedes erreichte Ergebnis einer magischen Arbeit im Bewußtsein des Magiers ersonnen, ausgeführt und abgeschlossen werden. Die rituellen Handlungen, die ausgeführt werden, sind spezifisch als festigende Mittel entworfen, um die projizierten Gedankenformen, die von dem Kerzenabbrennenden ausgesandt werden, zu stabilisieren. Im wesentlichen wirkt ein Ritual als Katalysator, der die durch die Gedankenform geschaffene Vorstellung zur physischen Manifestation auf der materiellen Ebene der Existenz abbildet. Wie wir jedoch im nächsten Kapitel sehen werden, kann dieser Prozeß durch äußere Kräfte gefördert und von Wissen um die Gesetze magischer Entsprechungen unterstützt werden.

3. Kapitel

ASTRALFARBEN UND ASTROLOGISCHE SIGILLEN

*W*enn man sich selbst und die Kerzen vorbereitet hat, sollte man sich im nächsten Schritt darüber klarwerden, weshalb man sich der Magie bedient. Es wird als alte Regel betrachtet, daß man Magie niemals aus purem Egoismus anwenden sollte oder um sich selbst auf irgendeine Art zu helfen. Nach meiner Erfahrung ist diese Regel nicht mehr zeitgemäß; heute ist das Ziel praktischer Magie »wissen, um zu dienen«. Aber wie kann man anderen im Dienste der Menschheit helfen, wenn man nicht in der Lage ist, die nötige Unterstützung anzubieten?

Meine Lehrmeisterin pflegte zu mir zu sagen, daß ein Bettler einem anderen Bettler nichts nützt; beide stehen vor ähnlichen Problemen und Hindernissen, ohne die nötigen Waffen zu besitzen, um gegen die überwältigende Übermacht zu kämpfen. Wenn es jedoch ein Bettler schafft, gesellschaftlich hochzukommen und der Gosse zu entfliehen, kann er später zurückkehren und seinem ehemaligen Kollegen helfen. Natürlich nicht, indem er etwas umsonst verteilt, sondern indem er ihn ermutigt, seinem Beispiel zu folgen und gesellschaftlich aufzusteigen, um seine mißliche Lage zu überwinden.

Das mag zur Illustration der Anwendung magischer Macht kein besonders gutes Beispiel sein, aber es ist das

Ziel aller Formen praktischer Magie, die Verantwortung des Individuums für das eigene Schicksal zu unterstreichen. Magieschulen, die der Auffassung sind, Magie solle nicht verwendet werden, um die physischen Umstände des Ausübenden oder das allgemeine Los der Menschheit zu verbessern, gehören zu denen, die esoterisches Wissen auf eine Elite beschränken wollen. Dadurch wollen sie jene kontrollieren und beherrschen, die weniger begünstigt sind.

Kerzenmagie kann für eine Reihe verschiedener Zwecke verwendet werden. Zu ihnen gehören die Überwindung schlechter Gewohnheiten, die Anziehung von Liebe und Geld, der Abbau feindseliger Hemmung, Schutz gegen negative Kräfte, die Wiedergewinnung von Gesundheit, die Entwicklung psychischer Kräfte, die Beschwörung der Geister von Verstorbenen und vieles mehr. Schon aus dieser kurzen Liste ist ersichtlich, daß nicht alle Wünsche als egozentrisch klassifiziert werden können. Alles, was man für sich selbst erbittet, kann für eine andere Person erbeten werden, indem man im richtigen Augenblick im Laufe des Rituals den Namen des Betreffenden einsetzt.

Farbenmagie

Einer der wichtigsten und wirkungsvollsten Faktoren der Kerzenmagie ist die Farbe der Kerze. Neueste wissenschaftliche Forschungen haben nachgewiesen, daß Farbe in unserem täglichen Leben eine wesentliche Rolle spielt, obwohl wenige Menschen sich ihres subtilen Einflusses bewußt sind. Wir sprechen oft davon, daß wir

»den Blues«* haben, in »schwarzer Stimmung« sind oder »rot sehen«. All diese alltäglichen Erfahrungen wurzeln in der magischen Bedeutung der Farben und ihrer Verbindung mit menschlichen Emotionen und Wünschen. Farbe kann verwendet werden, um die verschiedensten Stimmungen zu beschreiben.

Eigentlich sind Farben nur die verschiedenen Schattierungen von Licht, die auf unterschiedlichen Frequenzen schwingen. Rot und Schwarz können auf einer niedrigeren Geschwindigkeit schwingen als Weiß oder Blau. Sie werden also vom menschlichen Auge als »dunklere« Farben oder Schattierungen von Licht wahrgenommen. Aufgrund dessen schicken sie Signale an das Gehirn des Beobachters, was verschiedene Grade mentaler Reaktion hervorruft. Einige Farben haben offensichtlich eine eher besänftigende Wirkung, während andere stimulieren und emotionale Reaktionen von Aufregung bis zur Reizbarkeit hervorrufen.

In Krankenhäusern durchgeführte Tests haben nachgewiesen, daß die Genesungsrate von Patienten merklich steigt, wenn sie in Krankenzimmern untergebracht werden, die in Grün oder Blau gestrichen sind. Wenn sie in Räumen sind, in denen stumpfe Farben wie Beige, Grau oder Braun vorherrschen, kehrt sich dieser Trend ins Negative um. Wir fühlen uns an Tagen glücklich, an denen die Sonne scheint und die natürliche Farbzusammenstellung vorwiegend aus Blau und Grün besteht, während wir an trüben, bewölkten Tagen, wenn Schattierungen von Grau, Braun und Schwarz stärker in Erscheinung treten, eher depressiv sind.

* Anm. d. Übers.: »blue« bedeutet sowohl »blau« als auch »traurig« – wie der Name der Musikrichtung

Aufgrund der unterschiedlichen Wirkung von Farben auf die menschliche Psyche und die Umgebung müssen für die verschiedenen Wünsche jeweils andersfarbige Kerzen verwendet werden. Diese Farben und ihre Schwingungen sind auch eng mit den kosmischen Kräften verbunden, die in diesem Buch durch die planetarischen Engel personifiziert werden. Jede Farbe im Spektrum ist mit den astrologischen Zeichen des Tierkreises und ihren beherrschenden Planeten verbunden.

Untenstehend habe ich die Hauptfarben, die für die Kerzenmagie verwendet werden, zusammen mit ihren Bedeutungen und den Einflüssen auf jedes astrologische Zeichen aufgeführt.

Weiß repräsentiert Reinheit, Spiritualität und Frieden. In einigen Kulturen ist es die Farbe von Tod und Trauer.

Rot steht symbolisch für Gesundheit, Stärke, sexuelle Potenz, Mut und das männliche Prinzip in der Natur.

Rosa wird mit romantischer Liebe, Zuneigung und Freundschaft assoziiert.

Gelb ist die Farbe des Intellekts, der Kräfte der kreativen Vorstellungskraft, des Gedächtnisses, der Kommunikation und der geistigen Beweglichkeit.

Grün entspricht Überfluß, Fruchtbarkeit, Glück und Harmonie.

Blau ist die Farbe der Heilung, Wahrheit, Inspiration, höheren Weisheit, magischen Kraft und wirkt sich positiv auf die Psyche aus; sie ist die Farbe des Verständnisses, des guten Gesundheitzustandes und des weiblichen Prinzips der Natur.

Violett symbolisiert Erfolg in finanziellen Angelegenheiten, psychische Fähigkeiten in hochentwickelter Form, Idealismus und spirituelle Kraft.

Gold zieht positive Einflüsse an und steht für Gerechtigkeit und gute Karrierechancen.

Silber steht für hellseherische Fähigkeiten, astrale Energien und Channelling*; außerdem für die Fähigkeiten des weit zurückreichenden Erinnerungsvermögens, auch an vergangene Leben.

In der Astrologie werden die Farben und ihre astrologischen Entsprechungen wie folgt klassifiziert und in Beziehung zueinander gesetzt:

Widder (21. März bis 20. April)
Beherrschender Planet: Mars. Schattierungen von Rot, gewöhnlich die dunkleren Schattierungen von Scharlach oder Karmin. In der Magie ist der Planet Mars der Reiniger und Zerstörer, der das Stagnierende, das Ungewollte und das Überflüssige beiseitefegt, so daß Fortschritt möglich ist. Alternativ dazu repräsentiert der Planet des Krieges auch das kreative Prinzip und den unbewußten Drang der menschlichen Spezies, sich fortzupflanzen, da Leben und Tod zwei Aspekte derselben Energie sind.

Stier (21. April bis 21. Mai)
Beherrschender Planet: Venus. Grüntöne vom blassesten Apfelgrün bis zum dunklen Olivgrün. In der magischen Lehre repräsentiert die Energie der Venus den

---

* Channelling = »Kanalisation«: die Öffnung für Informationen aus anderen Welten, häufig durch die Stimme. Das Medium versetzt sich dafür in einen Trancezustand.

spirituellen Wunsch, Gegensätze zu vereinen und die dualen Kräfte des Männlichen und Weiblichen auszubalancieren. Diese Vereinigung war den mittelalterlichen Alchemisten als »heilige Hochzeit« bekannt und wird in der Magie und im Kult »Wicca« durch die Metapher des Schwertes im Kelch symbolisiert, wie sie im Ritual verwendet wird.

Zwillinge (22. Mai bis 21. Juni)

Beherrschender Planet: Merkur. Gelb ist die Farbe dieses Tierkreiszeichens, die Kommunikation und die Kraft des Geistes darstellt. In der magischen Lehre ist das Zeichen Zwillinge traditionell ein Symbol des Dualismus, der sich durch die transzendentale Einheit und den Magus, der als Vermittler agiert, und der Nachrichten zwischen Mittelerde und der Anderswelt transportiert, manifestiert.

Krebs (22. Juni bis 22. Juli)

Beherrschender Planet: Mond. Metallicblau und Silber sind die Farben der lunaren Sphäre. Es ist das Reich des Unbewußten, der verborgenen Seite der Persönlichkeit und der psychischen Kräfte.

Löwe (23. Juli bis 23. August)

Beherrschender Planet: Sonne. Seine Farben sind Gold und Orange. Die Sonne repräsentiert die Lebenskraft und ist das sichtbare Symbol des kosmischen Schöpfers im solaren System.

Jungfrau (24. August bis 23. September)

Beherrschender Planet: Merkur. Rötlich-gelb ist die Farbe, die mit diesem alternativen Aspekt merkurischer Energie assoziiert wird. Sie repräsentiert die analytischen Fähigkeiten des Geistes, die durch die Suche nach Wissen symbolisiert werden.

Waage (24. September bis 23. Oktober)
Beherrschender Planet: Venus. Die Farben der Waage sind Himmelblau und Rosarot. Sie symbolisiert die Höhen, die durch romantische und spirituelle Liebe erreichbar sind.

Skorpion (24. Oktober bis 22. November)
Beherrschender Planet: Pluto. Farben: Dunkelrot oder Silbergrau. Die Energie der plutonischen Sphäre ist mit dem Mars verbunden und repräsentiert sowohl Tod als auch Regeneration. Pluto herrscht über die Unterwelt, die Geister der Verstorbenen und die Kernenergie.

Schütze (23. November bis 21. Dezember)
Beherrschender Planet: Jupiter. Violett und Königsblau sind die Farben dieses Tierkreiszeichens. Den Schützen beherrscht eine expansive planetarische Energie, die mit der Finanzwelt und sozialen Angelegenheiten verbunden ist.

Steinbock (22. Dezember bis 20. Januar)
Beherrschender Planet: Saturn. Schwarz ist die wichtigste Farbe der saturnischen Energie. Sie steht für das Karma, das Schicksal, das Gesetz, das Alter und den Besitz.

Wassermann (21. Januar bis 19. Februar)
Beherrschender Planet: Uranus. In der Farbe dieses astrologischen Zeichens sind alle Schattierungen des Spektrums in einem leuchtenden Regenbogenmuster kombiniert. Seine planetarische Energie ist noch größer als die des Saturns und ist Sinnbild der magischen Kräfte, der Astrologie und modernen Technologien wie beispielsweise Fernsehen, Video und Computer.

Fische (20. Februar bis 20. März)

Beherrschender Planet: Neptun. Seegrün oder Indigo sind die Farben der Fische, die mit der planetarischen Energie Jupiters verbunden sind. Sie herrschen über Inspiration, Maritimes und mit der Unterhaltung verbundene Dinge, insbesondere die Filmindustrie.

Wie oben beschrieben, ist die Verwendung der richtigen Farbe, die auf den Zweck des Rituals abgestimmt ist, wichtig, aber es gibt noch andere Faktoren zu berücksichtigen. Wie wir im nächsten Kapitel sehen werden, wenn das Thema der Engelshierarchie besprochen wird, sollten magische Riten zeitlich mit dem Tag und der Stunde zusammenfallen, die dem Engel oder Gott heilig ist, der für die Angelegenheit zuständig ist.

Auch die Phasen des Mondes sind in der Praxis der Magie von besonderer Wichtigkeit. Magier glauben, daß die Mondphasen einen Einfluß auf magische und psychische Energie haben, genau wie der Mond einen bestimmten Einfluß auf die Gezeiten, die Paarungsgewohnheiten von Tieren, das Wetter und den weiblichen Monatszyklus ausübt.

Wenn der Mond zunimmt (zum Vollmond hin größer wird), können günstige Bedingungen vom Magier erhofft werden. Wenn er abnimmt (zum dunklen Mond hin an Größe verliert), kann der Ausübende negative Konditionen oder Einflüsse aus seiner oder ihrer Umgebung verbannen. Der Neumond ist gut für Neuanfänge oder den Beginn innovativer Projekte, wohingegen Vollmond als guter Zeitpunkt betrachtet wird, an dem Astralreisen oder Wahrsagen aus der Glaskugel (Hellsehen) praktiziert werden können.

Die wenigsten Magier werden sich in dem Zeitraum, der als dunkler Mond bekannt ist (drei Tage vor Neumond), der Magie bedienen. Dies ist eine Zeit, die traditionell von der dunklen Göttin Lilith beherrscht wird, die in Gestalt einer Eule erscheint. In der biblischen Lehre heißt es, Lilith sei die erste Frau Adams vor seiner Partnerschaft mit Eva gewesen, und aus Adams Vereinigung mit ihr sei das Elementarreich der Elfen, Kobolde und Feen hervorgegangen. Tatsächlich hat die Herrin des dunklen Mondes ihre alten Ursprünge in der Verehrung der Vogelgöttin durch die Menschen des Neolithikums oder der Jungsteinzeit. Einige Frauen stellen fest, daß sie in dieser Zeit des lunaren Zyklus auf der psychischen Ebene ein erweitertes Bewußtsein besitzen und am besten magische Handlungen vornehmen können.

Zusätzlich zu den monatlichen Zyklen des Mondes und der Sonne durch die zwölf Zeichen des Tierkreises gibt es auch jahreszeitliche Veränderungen, die auf den solaren Gezeiten basieren, die der Neuling auch auf dem Gebiet der Kerzenmagie für sich nutzen kann. Diese jahreszeitlichen Strömungen basieren auf dem natürlichen Zyklus von Wachstum, Verfall und Regeneration, die die Basis für die religiösen Riten des alten heidnischen Glaubens darstellen. Die Markierungspunkte der Gezeiten werden von den Frühjahrs- und Herbst-Tagundnachtgleichen angezeigt, wenn Tag und Nacht gleich lang sind, und den Sommer- und Wintersonnenwenden, welche die längsten und kürzesten Tage oder Nächte sind. Die Tagundnachtgleichen sind am 21. März und 23. September, wohingegen die Sonnenwenden gewöhnlich auf den 21. oder 22. Juni und 21. oder 22. De-

zember fallen. Für die Magie bedeuten diese jahreszeitlichen Strömungen folgendes:

Die Zeit der Saat: 21. März bis 20. Juni
Die Zeit der Mahd: 21. Juni bis 22. September
Die Zeit der Planung: 23. September bis 20. Dezember
Die Zeit der Zerstörung: 21. Dezember bis 20. März

Die Bezeichnungen dieser Gezeiten erklären sich von
selbst und zeigen Perioden an, zu denen der Magus sich
betätigen oder das Leben auf die kosmischen Gegeben-
heiten abstimmen sollte. Sie deuten auf langfristige
Entwicklungen hin, und wenn der Magier sie nutzt,
muß er mit einer längeren Wartezeit rechnen, bevor Resultate sichtbar werden. Ein Ritual, das beispielsweise
zur Herbst-Tagundnachtgleiche durchgeführt wird,
mag sich erst zur folgenden Sonnenwende oder sogar der
nächsten Tagundnachtgleiche sechs Monate später verwirklichen. Aus diesem Grund wird die Nutzung dieser
jahreszeitlichen Strömungen nur für langfristig geplan-
te magische Tätigkeiten oder Wünsche empfohlen. Jene, die schnellere Resultate wollen, sollten mit dem lunaren Zyklus arbeiten, dessen Energie sich monatlich
ändert.

Wenn man beginnt, sich der Kerzenmagie zu bedienen, wird man bald herausfinden, daß die Tagundnachtgleichen und Sonnenwenden Wendepunkte im eigenen
Leben sind. Wichtige Angelegenheiten werden wahrscheinlich um diese Zeitpunkte herum gelöst. Viele
Magier empfinden die März-Tagundnachtgleiche als
besonders fordernde Periode. Alte Freunde verschwinden unvermittelt aus dem Bekanntenkreis und werden

durch neue ersetzt, oder es können Herausforderungen auftauchen, die zu einer neuen Betrachtungsweise des Lebens führen.

Die Periode von März bis zur Sommersonnenwende wird allgemein als gut für Neubeginn angesehen, wohingegen von Ende Juni bis zum Beginn der Herbstzeit der Lohn für vergangene Bemühungen eingefahren werden kann. Die Zeit von der Tagundnachtgleiche bis zur Wintersonnenwende ist ein Stadium der Planung, wohingegen die Zeit von Dezember bis zur Frühjahrs-Tagundnachtgleiche eine Rückwärtsbewegung darstellt, die sich gut zum Abwerfen unerwünschter Einflüsse, Umstände oder sozialer bzw. geschäftlicher Kontakte eignet.

4. Kapitel

ENGEL UND KERZENMAGIE

*I*ch habe in diesem Buch bereits die Engelshierarchie beziehungsweise die planetarischen Engel erwähnt, und in diesem Kapitel werden wir ihre Funktion bezüglich der Kerzenmagie untersuchen. Bevor wir dazu übergehen, ihre Bedeutung für die Esoterik und die Magie zu beschreiben, ist es zunächst nötig, diese Wesen in ihren religiösen und historischen Kontext zu stellen.

Wir leben in einem sogenannten christlichen Land, obwohl das Christentum im Sinne einer organisierten Religion, die von Kirchgängern unterstützt wird, heute eine Religion von Minderheiten ist. Ein großer Anteil der Engländer wird sich automatisch als zugehörig zur »Kirche von England« definieren, obwohl ihr Kontakt mit der christlichen Religion auf die Sakramente der Taufe, Hochzeit und die Beerdigung beschränkt ist. In unserer multikulturellen Gesellschaft wurde traditioneller religiöser Glaube auch durch ethnische Religionen, die alternative Spiritualität der New Age-Bewegung und das Wiederaufblühen der Magie in Frage gestellt.

Da das religiöse Leben des Durchschnittsmenschen von einer christlichen Erziehung dominiert wird, glauben die wenigsten von uns an Engel. Die Reformation zerstörte fast alles, was die katholische Kirche an Symbolismus und Bildersprache aus der Magie der alten heidnischen Religionen übernommen hatte. Daher basiert die Vorstellung, die die meisten Menschen von Engeln haben, auf den Illustrationen von geflügelten Wesen in fließenden Nachthemden, wie sie von viktorianischen Künstlern dargestellt wurden, und die sie von ihrem sonntäglichen Kirchenbesuch kennen. Tatsächlich würde die Mehrheit der Menschen, ob Christen oder Agnostiker, Engel wahrscheinlich kurzerhand zu der Welt der Märchen gehörig oder als religiösen Aberglauben abtun.

Das ist jedoch ein großer Fehler, denn diese großartigen kosmischen Wesen sind Realität, und diejenigen, die an sie glauben, können mit ihnen Kontakt aufnehmen. Das Konzept von den planetarischen Engeln hat seinen Ursprung im Glauben an archetypische kosmische Kräfte. Gelehrte im Mittleren Osten assoziierten diese Kräfte mit den sieben klassischen Planeten der frühen Astronomie. Diese planetarischen Energien wurden als Götter und Göttinnen personifiziert und vom jüdischen Glauben übernommen, wo sie in die Erzengel verwandelt wurden.

In der Bibel werden Engel als Botschafter zwischen dem Reich Gottes und dem irdischen Reich beschrieben. Dabei geht es um die Intervention von Engeln in die Angelegenheiten menschlicher Wesen. Die Geburt einiger wichtiger Figuren, sowohl im Alten als auch im Neuen Testament – einschließlich der von Jesus –, werden von Engeln angekündigt. Eine weniger bekannte Geschichte über den Kontakt von Engeln mit den Menschen ist die Legende der Ben Elohim oder »Söhne Gottes«, die angeblich zur Erde hinabstiegen und sich mit den »Töchtern der Menschen« paarten. Im apokryphen

Buch Henoch werden die Ben Elohim oder Wächter als gefallene Engel beschrieben, die ihre menschlichen Bräute in den Künsten der Magie, Zauberei, der Geheimlehre der Heilpflanzen, Astrologie, Wettervorhersage, Metallurgie, magischen Weisheit und Landwirtschaft unterwiesen.

In Genesis 6:2–7 wird erzählt, daß die Sprößlinge aus der unerlaubten Paarung zwischen den Wächtern und sterblichen Frauen Riesen waren, bekannt als Nephilim, die in den magischen Künsten bewandert waren. Einige dieser gelehrten Männer benutzten ihr magisches Wissen für niedere Zwecke und wurden wegen ihrer üblen Aktivitäten mit göttlicher Vergeltung bestraft – etwa mit der Flut, die die ganze Menschheit außer Noah, seiner Familie und der Arche mit den Tieren zerstörte. Übrigens eine Legende, die in den Schöpfungsmythen alter Kulturen in allen Teilen der Welt zu finden ist. Sie bildet auch die Grundlage für die esoterische Tradition des verlorenen Kontinents Atlantis, der aufgrund der bösen Aktionen seiner magischen Adepten im Meer versank. Genauso ist in der Mythologie des alten Babylon die Geschichte der Sintflut zu finden, und daher kann zu Recht angenommen werden, daß die »gefallenen Engel« die alten planetarischen Gottheiten sind.

In der Tradition der magischen Lehre wird erzählt, daß unter den verschiedenen Geschenken, die von den sogenannten gefallenen Engeln oder Wächtern an die Menschheit weitergegeben wurden, das Wissen um den Gebrauch des Feuers, besonders zum Zwecke der Schmiedekunst, gewesen sei. Beim Abbrennen von Kerzen wird das feurige Element für magische Zwecke verwendet. In der alten jüdischen Magie wird die Kunst der

Kerzenmagie unter die Herrschaft eines besonderen Engels gestellt, bekannt als *Lumiel.* Sein Name bedeutet – aus dem Hebräischen übersetzt – »Licht Gottes«, und es heißt, er sei der erste Erzengel gewesen, der erschaffen wurde.

Obwohl Autoren, Künstler und medial Begabte die Erzengel in menschlicher Form darstellen, sind es in Wirklichkeit Wesen, die aus reiner kosmischer Energie bestehen. Die Formen, in denen sie der Menschheit erscheinen, basieren auf archetypischen Bildern, die über Jahrtausende hinweg durch magische Praxis und religiösen Glauben aufgebaut wurden. Die planetarischen Engel waren dafür verantwortlich, die Menschheit durch die früheste Periode ihrer Existenz auf diesem Planeten zu leiten, und aus diesem Grund sind sie als »lehrende Engel« bekannt. In der Praxis der Kerzenmagie beschäftigen wir uns vorwiegend damit, die Hilfe dieser Engelwesen anzurufen, die die sieben klassischen Planeten beherrschen und mit den alten Göttern des vorchristlichen Heidentums übereinstimmen.

Wenn wir die magischen Traditionen und die magische Lehre näher betrachten, wird bald offensichtlich, daß wir es nicht mit vielen verschiedenen religiösen Glaubensbekenntnissen, sondern mit den Symbolen und Überzeugungen einer Religion zu tun haben, die so alt ist wie die Menschheit selbst und einst universell in der ganzen Welt praktiziert wurde. Den ältesten und geheimsten esoterischen Lehren zufolge wurde diese weise Religion den frühen Menschen von den »Göttern« oder »Engeln« gegeben. Es ist heute bekannt, daß die Steinkreise, die von unseren prähistorischen Vorfahren aufgestellt wurden, astronomisch nach Sonne, Mond und

Sternen ausgerichtet waren. Viele glauben, daß die Priester-Magier, die für ihre Konstruktion verantwortlich waren, in Sterndeutung unterwiesen wurden und die Steinkreise für außerirdische Kontakte und als Tore in andere Dimensionen benutzt wurden.

Die unvollständige, korrumpierte und bruchstückhafte Naturwissenschaft, die Magie (oder Studium des Verborgenen) genannt wird, ist ein letzter Rest der ursprünglichen Weisheitslehren mit göttlichem Ursprung. Falschverstandene Überreste dieser alten Weisheit sind in populärer Folklore, jahreszeitlichen Bräuchen, Glaubensströmungen in der Magie und ländlichem Aberglauben zu finden. Auf ihre eigene Art ist die Magie des Kerzen- und Räucherwerkabbrennens ein Aspekt der praktischen Seite dieses alten spirituellen Glaubenssystems, das manchmal als die Alte Religion beschrieben wird, um es von späteren Glaubensrichtungen zu unterscheiden, die bloße Kopien davon sind. In der Praxis ist jede Religion, die jemals von der Menschheit erdacht wurde, einfach alter Wein in neuen Schläuchen. Heute, im ausklingenden Wassermann-Zeitalter, beansprucht die New Age-Bewegung, eine alternative spirituelle Botschaft für das einundzwanzigste Jahrhundert zu sein. Tatsächlich kehren die Anhänger der New Age-Bewegung, indem sie an die Heilkraft der Kristalle, den Schamanismus, die universale Lebenskraft aus dem Kosmos, ley lines*, die Naturverehrung und die Kräuter-

---

* ley lines: Landmarkierungen. Der Engländer *Alfred Watkin* behauptete 1925 in seinem Buch »The Old Straight Track«, daß die prähistorischen Stätten durch ein Netz von Linien verbunden seien. *F. C. Tyler* wies nach, daß sich die Hauptlinien aus England auf dem Kontinent fortsetzen. Er vermutete, daß es sich um Kraftlinien und Orientierungshilfen für außerirdische Wesen handeln könnte.

kunde glauben, lediglich zu den alten Überzeugungen unserer heidnischen Vorfahren zurück, die jahrtausendelang in der Tradition der Magie bewahrt wurden.

Die Engelshierarchie

Die Kräfte der Erzengel, die bei den Riten der Kerzenmagie zur Unterstützung angerufen werden können, sind untenstehend aufgelistet, zusammen mit ihren Eigenschaften, archetypischen Bildern und heidnischen Entsprechungen.

Michael beherrscht die planetarische Sphäre der Sonne. In den alten heidnischen Religionen wird er von den solaren Gottheiten Helios, Apollo, Ra und Lugh repräsentiert. In einigen der frühen Kulturen wurde die solare Energie durch eine Göttin symbolisiert. Da Michael wie alle Engel von androgyner Natur ist, können seine heidnischen Entsprechungen auch Göttinnen wie Brigid oder Sekhmet sein.

Der Erzengel Michael ist die Personifizierung der Lebenskraft, und die Sonne stellt nun einmal in allen kulturellen Formen, ob männlich oder weiblich dargestellt, das kreative Prinzip dar. Michaels archetypisches Bild ist eine Kriegergestalt in goldenem Umhang und Gewand. Er hat bernsteinfarbenes Haar, das wie die Mähne eines Löwen von seiner Stirn herunterfällt. Sein Hände liegen auf dem Heft eines breiten Schwertes, das mit der Spitze nach unten vor ihm ruht.

Dieser solare Engel kann in allen Angelegenheiten angerufen werden, die mit Karriereaussichten, Sport, den Finanzen, Bürokratie und der physischen Gesundheit verbunden sind. Sein heiliger Wochentag ist der Sonnentag oder Sonntag.

Gabriel ist der Erzengel des Mondes. Er ist im heidnischen Pantheon durch die Göttinnen Diana, Selene, Hathor und Hekate und durch Mondgötter wie Thoth und Sin vertreten, die in patriarchalischen Zeiten die Rolle lunarer Gottheiten übernommen haben.

Das archetypische Bild von Gabriel stellt ihn als einen reifen Mann mit langem weißen Haar dar, der eine silberne Krone trägt, auf der der geschwungene Halbmond des zunehmenden Mondes zur Schau gestellt wird. Er ist in einen silbernen oder perlmuttfarbenen Umhang gehüllt, der das Licht reflektiert. Der lunare Engel ist für psychische Kräfte, Astralreisen, Empfängnisförderung, leichte Geburten, Heilung von Frauenleiden, sichere Reisen auf dem Seeweg und in häuslichen Angelegenheiten zuständig. Sein Tag ist der Mondtag oder Montag.

Raphael ist der planetarische Herrscher von Merkur, dem Planeten, der am schnellsten um die Sonne kreist. In den heidnischen Religionen war dieser Engel als der Götterbote Hermes oder Merkur bekannt; als Ogma, der das keltische Schreibsystem Ogham erfand, das nach ihm benannt wurde; als Odin, der schamanische Gott des skandinavischen Volkes, der sich opferte, um die Runen zu entdecken, und als der ägyptische ibisköpfige Gott Thoth, der göttliche Schreiber.

Archetypisch wird Raphael als junger Mann dargestellt, gekleidet in das traditionelle Gewand eines mittelalterlichen Pilgerreisenden. So wird er auch in der

Tarotkarte gezeigt, die als Der Narr bekannt ist. Er trägt einen gelben Umhang, einen breitkrempigen Hut mit einer Feder darauf (normalerweise von einer Elster, da dies sein heiliger Vogel ist), geflügelte Sandalen und einen Stab. Um diesen Stab winden sich zwei ineinander verschlungene Schlangen, was das Symbol für die Heilkunst ist.

Raphael kann für geistige Heilung, zwischenmenschliche Kommunikation, Sicherheit auf kurzen Reisen, alles was mit der Jugend zu tun hat, Bildungsfragen, Geschäftsverträge, Handelsangelegenheiten, Geschäftstüchtigkeit und schriftliche Dinge angerufen werden. Er kann helfen, verlorenen Besitz wiederzufinden oder gestohlene Güter aufzuspüren. Dieser Engel dient auch als spiritueller Führer auf dem magischen Pfad und als Botschafter zu den anderen Erzengeln. Sein heiliger Tag ist Wodanstag, unser Mittwoch.

Anael ist der Erzengel der Venus, der von den heidnischen Göttinnen der Liebe Aphrodite, Astarte, Isis, Freya und von den männlichen Gottheiten Eros, Cupido, Dionysos und Frey repräsentiert wird.

Sein archetypisches Bild ist das eines androgynen Jugendlichen mit der Schönheit beider Geschlechter. Er trägt einen grünen Umhang und ein Gewand aus Blättern, und sein langes schwarzes Haar ist mit einer Krone aus roten und weißen Rosen bekränzt. Anael besitzt einen Zauberstab mit phallischer Spitze, der mit farbigen Bändern dekoriert ist.

Der venusische Engel kann in allen Angelegenheiten angerufen werden, die sich auf romantische Liebe, Freundschaft, Harmonie, die Umwelt, Musik und die

Künste beziehen. Er ist der Engel der Natur, und sein heiliger Tag ist Freyas Tag oder Freitag.

Samuel ist der Erzengel, der den roten Planeten Mars beherrscht. In heidnischen Zeiten wurde er durch die Kriegsgötter Ares, Mars und Ziu und Kriegsgöttinnen wie die aus irischen Mythen stammende Morrigan personifiziert. Er symbolisiert die destruktive Seite der Lebenskraft und der männlichen Energie, die allerdings für positive Zwecke benutzt werden kann, wenn sie richtig kanalisiert wird.

Das typische Bild von Samuel ist ein großer, starker Mann, der einen scharlachroten Umhang und ein ebensolches Gewand trägt. Sein rotes Haar ist mit einem eisernen Band, auf dem ein Pentagramm oder fünfzackiger Stern eingraviert ist, zum Pferdeschwanz des Kriegers zusammengebunden. Er hält Speer und Schild.

Dieser Erzengel kann mit allem in Verbindung gebracht werden, das mit Körperkraft zu tun hat, Maschinen, handwerkliches Können oder Schutz vor Feuer und Gewalt. Er ist die Geißel von Straßenräubern, Vergewaltigern und jenen, die Frauen schlagen. Sein heiliger Tag ist Tiw's Day (Zius Tag*) oder Dienstag.

Sachiel ist der planetarische Engel des Jupiter und war in der alten Mythologie der himmlische Gottvater, Gefährte der Großen Muttergöttin. Er war als Jove, Zeus, Dagda, Ptah und Thor bekannt und ist als Symbol für Kraft, Fruchtbarkeit und materiellen Wohlstand vertraut.

---

* Germanischer Gott Ziu, mit Mars gleichgestellt (Anm. d. Ü.).

Sachiel ist archetypisch als ein reifer Mann, der eine Vaterfigur verkörpert, dargestellt. Haar und Bart sind grau, er trägt einen violetten Umhang und ein ebensolches Gewand, dekoriert mit Goldmünzen. In seiner Hand hält Sachiel ein königliches Zepter oder einen Zauberstab als Symbol seiner spirituellen Kraft. Er ist Der Kaiser in der Großen Arkana des Tarots.

Dieser Erzengel regiert über Wohlstand, sozialen Status, politische Kraft, große Geschäfte, finanzielle Spekulation und rechtliche Angelegenheiten. Sein heiliger Tag ist Thors Tag oder Donnerstag*.

Cassiel herrscht über Saturn und war in der heidnischen Religion als Chronos bekannt, während seine weiblichen Entsprechungen von Kali, dem Geschick und den Nornen repräsentiert werden. Cassiel ist der Herr der Zeit und symbolisiert in der Engelsmagie die kosmische Kraft des Karmas oder Schicksals.

Sein archetypisches Bild ist ein finsterer alter Mann, ganz in Schwarz, mit einem langen Umhang. Er trägt einen Stab und ein Stundenglas, das seine Herrschaft über die Gesetze der Zeit deutlich macht. Im Tarot ist Cassiel als Der Eremit zu sehen.

Dieser Engel kann in allen Angelegenheiten befragt werden, die mit Besitz, Alter, Willenskraft, dem Schicksal, Tod, Land und Landwirtschaft und den gesundheitlichen Leiden des Alters zu tun haben. Sein heiliger Tag ist Saturns Tag oder Samstag.

* Thor ist der Gott des Donners (Anm. d. Ü.).

Negative Aspekte

Bevor wir uns der praktischen Seite des Kerzenabbrennens zuwenden, müssen wir auch die negativen Aspekte der Kerzenmagie berücksichtigen und uns näher damit befassen. Diese Negativismen gehen auf das Mittelalter zurück, als die Kirche die alten heidnischen Religionen bekämpfte und jede Form magischer Praxis fälschlicherweise als Ketzerei oder Teufelsanbetung abgetan wurde. Die puritanischen Kleriker lehnten die heidnische Verehrung der Lebenskraft aufs schärfste ab, da sie oft erotische Symbole und Bilder verwendete, und so wurden die heidnischen Tempel zerstört und durch Kirchen ersetzt. Um diese Ammenmärchen zu widerlegen, die sich mit den dunkleren Aspekten der Magie beschäftigen, werde ich einige davon untersuchen und sie in Bezug zum realen Hintergrund authentischer Kerzenmagie setzen.

Magier sind allgemein der Meinung, daß die Bezeichnungen »weiße Magie« und »schwarze Magie«, die die Medien und auf Effekthascherei bedachte Romanschreiber so lieben, in der Praxis ziemlich bedeutungslos sind. Wie zuvor schon erwähnt, ist magische Energie eine neutrale Kraft, die für Gutes benutzt oder von bösen Menschen mißbraucht werden kann. Das Endergebnis hängt fast vollständig vom persönlichen Motiv des Ausübenden und bis zu einem gewissen Grad von den Methoden, die verwendet werden, um ein bestimmtes Ziel zu erreichen, ab.

Kerzen wurden in der Vergangenheit häufig in Ritualen verwendet, die von Nichteingeweihten als »schwarze Magie« bezeichnet werden. Das vielleicht bekannteste Beispiel für einen solchen Mißbrauch ist die »himmlische Hand«, Ausgeburt eines schrecklichen mittelalterlichen Aberglaubens. Der Volksüberlieferung nach war die »himmlische Hand« diejenige Hand eines Mörders, mit der er die Tat beging. Sie mußte bei Neumond von der Leiche entfernt werden. Dann wurde sie in Wachs getaucht, und an jeder Fingerspitze wurden Dochte befestigt. Ignoranten glaubten, diese grausige Reliquie habe, sobald sie angezündet wurde, die magische Kraft, die Bewohner eines Hauses bewußtlos zu machen und verschlossene Türen zu öffnen. Daher wurde sie angeblich von Einbrechern hoch geschätzt.

So schrecklich und unsinnig dies jetzt erscheint: Gibt es tatsächlich irgendeine Grundlage, worauf sich Anhänger der »himmlischen Hand« berufen? Es gibt sie tatsächlich, aber die »himmlische Hand« war nicht das frisch amputierte Glied eines Verbrechers, sondern eine gewöhnliche Wachskerze in Form einer Hand. Solche bizarren Kerzenformen kann man heute in Krämerläden kaufen – oder der Amateur kann selbst eine Hand herstellen, die eines Horrorfilms würdig ist, indem er Wachs in einen alten Haushaltshandschuh gießt. Seriöse Magier von heute stellen nur zum Spaß eine »himmlische Hand« her, und es ist unwahrscheinlich, daß sie von irgendwelchem praktischen Nutzen wäre – nicht einmal für einen Fassadenkletterer. Es gibt keinen Beweis dafür, daß sie eine moderne Alarmanlage außer Funktion setzen könnte, daher wäre ihr heutiger Nutzen in der Unterwelt sehr begrenzt!

Schwarze Kerzen

Ein weiterer ehrwürdiger alter Mythos, der näher erklärt werden muß, betrifft die Verwendung schwarzer Kerzen bei magischen Riten. Es wäre kein esoterischer Taschenbuch-Thriller über Satanismus oder Voodoo, wenn darin keine Schwarzen Messen und schwarze Kerzen vorkommen würden. Tatsächlich ist Satanismus eine ketzerische Variante, die nichts mit authentischer Magie oder Okkultismus zu tun hat, und die Anhänger des Satanismus haben die Idee der nackten Frau auf dem Altar für ihre Schwarzen Messen von den alten heidnischen Fruchtbarkeitsriten aufgegriffen, wo die Priesterin die lebende Personifizierung der Göttin war.

In Geschichten, bei denen es um schwarze Magie geht, heißt es oft, die Kerzen seien aus Pech gemacht und würden mit einem unheiligen blauen Licht brennen. Bei der richtigen Kerzenmagie wird die Farbe Schwarz ziemlich legitim bei Ritualen verwendet, die die saturnischen oder plutonischen Energien anrufen, und bei Zeremonien für die Verstorbenen. Blau wird von Okkultisten als sehr spirituelle Farbe angesehen, also ist es eher unwahrscheinlich, daß ein überzeugter Satanist Kerzen dieser Art in seinem Tempel abbrennen würde. Abgesehen davon geben aus Pech hergestellte Kerzen einen solch unangenehmen Geruch ab, daß die Ausübenden hustend und spuckend vor ihnen flüchten würden.

Gewöhnlich stellt sich heraus, daß die meisten Geschichten über sogenannte »schwarze Magie« oder satanische Riten das Fantasiegebilde von Zeitungsjournalisten, ein religiöses Vorurteil von Fundamentalisten oder Fantasien von Ignoranten und Leichtgläubigen sind, die alles glauben, was sie lesen oder im Fernsehen sehen. Nur wenn das helle Licht der Vernunft und Logik in die dunklen Orte der menschlichen Vorstellungskraft Einzug hält, werden die Schatten vertrieben, und die Dunkelheit gibt bereitwillig ihre Geheimnisse preis. Wir sollten keine Angst vor der Dunkelheit haben, denn wie schon zuvor erwähnt sind Licht und Dunkelheit Zwillingsaspekte des kreativen Prinzips. Unser modernes Konzept von einer Schlacht zwischen den Kräften des Lichtes und der Macht der Dunkelheit, die in der Prosa, die von Magie handelt, sehr verbreitet ist, beruht auf einer Fehlinterpretation der alten heidnischen Mythen, die auf dem Todes- und Auferstehungsmotiv des Zyklus der Jahreszeiten basieren.

5. Kapitel

Rituale zur Erlangung von Wohlstand, Liebe und Glück

Kerzenmagie und Räucherwerkverbrennung sind eine Form der Magie, die oft als »elementar« bezeichnet wird. Dies bedeutet, daß sie sich mit der Kontrolle eines der vier Elemente, Feuer, Erde, Luft und Wasser befaßt. Mittelalterliche Magier glaubten, diese elementaren Kräfte bildeten, getränkt mit Äther oder Geist, das Fundament der natürlichen Welt. Wie man es erwartet, gehören Kerzenmagie und Räucherwerkverbrennung unter die Herrschaft der elementaren Kraft des Feuers, und ihr Schirmherr ist der Erzengel Michael, Herr der Sonne. Also sollte man Michael um Schutz und Führung anrufen, bevor man irgendeine Art von praktischer Arbeit mit Kerzen oder Räucherwerk ausführt.

Die folgende Anrufung wird als Beispiel für die Formulierung, die man verwenden kann, verwendet. Wie alle Rituale in diesem Buch ist sie nur als Anleitung zur Eigeninitiative zu sehen, denn oft ist die beste Magiepraxis spontan und kommt aus dem Herzen. Nichts sollte als Dogma behandelt werden, und man sollte soviel wie möglich experimentieren und improvisieren, wobei man eine wiedererkennbare Struktur bei den eigenen Ritualen bewahren sollte.

O Großer Erzengel Michael, der Gott gleich ist, Herr der Sonne und der Engelsheere, schütze mich bei meiner magischen Arbeit. Beschütze mich auf dem wahren Pfad magischer Weisheit und Wissens; verleihe meinen Bemühungen deine Kraft, wenn ich die Flammen deines Elementes in neue Formen gieße, die von meinem Willen kontrolliert werden.

Jedes der Elemente hat also einen Herrscher – keinen Engel, sondern Naturgeister, die ihre eigene elementare Kraft kontrollieren. Im Falle des Feuers ist dieses Wesen als Djinn bekannt. Nachdem man Michael um Schutz und Führung angerufen hat, kann eine ähnliche Anrufung (man ruft Engel/Götter an und beschwört Geister) an den Herrn des Feuers wie folgt verwendet werden:

O Djinn, Herr der ewig brennenden Flamme, ich erbitte bei der magischen Arbeit, die am heutigen Tag vollbracht wird, deine Hilfe und die Unterstützung deiner geistigen Begleiter.
Stärke meinen Willen, steigere meine Kraft und befreie die Kraft des astralen Lichtes, so daß das Große Werk im Namen des Erzengels Michael und seiner Engelsheere vollendet werden kann.

Während man diese Worte rezitiert, stellt man sich Michael vor, der in der Gestalt, die vorher in diesem Buch beschrieben wurde, über uns aufragt. Djinn kann man sich als einen Feuerriesen vorstellen, so wie er in den alten nordischen Legenden beschrieben wird. Sein geschmeidiger Körper besteht aus schlängelnden, lebendigen Flammen, er besitzt mit feuriger Kraft glühende

Schlitzaugen. Er ist von einer glühenden, strahlenden Aura umgeben, gesprenkelt mit gelben, roten und orangefarbenen Funken.

Ritual zur Anziehung von Geld

Zwei Hauptwünsche spielen eine wichtige Rolle im Leben der meisten Menschen: der Wunsch nach Liebe und dem Besitz von Geld. Die Kerzenmagie bietet Rituale an, um sich diese beiden Wunschträume zu erfüllen, Wunschträume, die dem Ausübenden emotionale und finanzielle Sicherheit versprechen.

Beginnen wir mit dem Geld. Die Liebe zum Geld mag die Wurzel allen Übels sein, aber viele Leute scheuen kein Risiko, um große Mengen dieses kostbaren Gutes zu erlangen. Ob sie tatsächlich glücklicher sind, wenn sie es einmal besitzen, ist eine völlig andere Sache. Das hängt gewöhnlich von ihrem Charakter und ihrer allgemeinen Lebenseinstellung ab. Bei einer großzügigen Person mit sehr begrenzten Ressourcen, die ihr letztes Hemd mit den weniger Glücklichen teilen würde, ist es eher unwahrscheinlich, daß sie ein Geizkragen wird, wenn ihr unvorstellbarer Reichtum geschenkt wird. Sie wird die neue Situation weise nutzen, um anderen zu helfen.

Es gibt in unserer materialistischen Konsumgesellschaft wenige Menschen, die sich nicht zu irgendeinem Zeitpunkt in ihrem Leben mehr Geld wünschen, als sie tatsächlich besitzen — und wenn es nur darum geht, die Hypothek und die Stromrechnung bezahlen zu können, ohne mit jedem Pfennig knausern zu müssen. Trotzdem kann die Jagd nach Wohlstand zum Fluch werden. Oft verlangt es Millionäre, die Geld im Überfluß besitzen, nach mehr und mehr, als hätten sie Angst, ihre unermeßlichen Ressourcen würden über Nacht durch eine Inflation entwertet — was natürlich vorkommen kann. Obwohl finanzieller Gewinn mit Hilfe magischer Methoden von einigen Schulen der Magie mißbilligt wird, ist man sich im allgemeinen darüber einig, daß die Manifestation von maßvollen Geldbeträgen für einen spezifischen Zweck oder in Zeiten, in denen es sehr gebraucht wird, zulässig ist.

Wie wir gesehen haben, ist allein das Motiv bei praktischer Magie dafür ausschlaggebend, was »richtig« oder »falsch« ist. Vorausgesetzt, daß es aus lauterem Antrieb geschieht, stört es die zu erweckenden Kräfte nicht, ob man Geld durch die Anwendung magischer Techniken gewinnt. Wenn das Ritual erfolgreich ist, sollte man jedoch einen kleinen Prozentsatz (sagen wir, zehn Prozent) zurückgeben, indem man mit dem Geld spirituelle Arbeiten fördert. Das kann einfach bedeuten, eine Spende an eine wohltätige Einrichtung zu schicken, zum Beispiel an ein Hospiz, eine Hilfsorganisation oder eine Tierschutzorganisation. Die Kardinalsünde bestünde darin, irgend etwas, das man gewinnt, zu horten, statt es an andere weiterzugeben. Wie meine Lehrerin zu sagen pflegte — »Das magische Gesetz lautet: Geld ist rund, damit es rollen kann!«

Den Erwerb von Geld kann man auch als einen karmischen Prozeß ansehen. Das Geld ist mit den Resten von Karma verbunden, das aus vergangenen Leben übertragen wird, und erfahrene Magier wissen, daß Geld oder der Mangel daran oft ein von den Kräften des Schicksals benutztes Werkzeug ist, um der sich entwickelnden Seele eine Lektion zu erteilen, wie sie härter nicht sein kann. Wenn es Ihnen nicht bestimmt ist, reich zu sein und über große Mengen Geld in diesem Leben zu verfügen, werden alle magischen Rituale der Welt nicht dazu verhelfen. Tatsächlich kenne ich nur wenige Magier, die Millionäre sind, aber die meisten scheinen zu überleben und schaffen es sogar, ziemlich komfortabel zu leben.

Was die Praxis angeht, so zündet man zur Anwendung von Kerzenmagie zur Anziehung von Geld eine grüne oder violette Kerze an, die Überfluß und materiellen Wohlstand bedeutet. Dieses Ritual sollte entweder in der Neumondnacht, die den Beginn eines neuen Zyklus kennzeichnet, oder in einer Zeit durchgeführt werden, in der der zunehmende Mond im Tierkreiszeichen des Schützen steht, der von Jupiter beherrscht wird, dem Planeten des finanziellen Glücks. Astrologische Magazine wie *Prediction** veröffentlichen monatlich die genaue Position des Mondes im Tierkreis. Wenn man sich ernsthaft mit der Astrologie beschäftigt, kann man eine Zeit wählen, zu der Jupiter – oder welche planetarische Energie man sonst anruft – sich vorteilhaft auswirkt.

Bevor man die Kerze anzündet, sollte man einige Minuten lang ruhig dasitzen und sich von jeglichen Gedanken an den Alltag befreien. Man atmet langsam und regelmäßig, bis man sich völlig entspannt fühlt und keine ablenkenden Gedanken mehr durch den Kopf schießen. Öffnen Sie sich, und stellen Sie sich vor, daß Ihr Geist zu einem kristallähnlichen Empfänger für die magische Energie wird, die durch sie hindurchfließt. Um diese er-

* dt. z. B. *Meridian*

ste Übung zu machen, muß man nicht den Lotussitz ein-
nehmen – ausgenommen natürlich, man ist mit dieser
Position durch die Yoga-Praxis oder östliche Meditation
vertraut. Die meisten Magier, die der westlichen Esoteriktradition folgen, übernehmen die ägyptische Position
und sitzen aufrecht auf einem Stuhl, wobei der Rücken
gut gestützt wird, die Füße flach auf dem Boden stehen,
die Knie zusammen sind und die Hände bequem auf den
Oberschenkeln ruhen.

Wenn man sich völlig entspannt fühlt, kann man mit
dem Ritual beginnen. Nachdem man Michael und
Djinn zum Schutz angerufen hat, sollten fünf Kerzen, in
Form eines fünfzackigen Sterns oder Pentagramms an-
geordnet, angezündet werden, wobei man passende, sichere Halter verwendet. Legen Sie unter jeden der Ker-
zenhalter eine kleine Münze, beispielsweise einen Pfennig. Vor die brennenden Kerzen legt man fünf weitere
Münzen, wieder in der Form eines Sterns. (Leser, die
sich in Tarot auskennen, werden dieses Symbol als eine
der Farben der Kleinen Arkana erkennen, die als Scheiben bekannt sind. Im Tarot-Symbolismus stehen die
Scheiben für Geld und Wohlstand.)

Wenn man dieses magische Muster aus Kerzen und
Münzen fertig hat, wiederholt man folgende Worte laut:

*Geld ist ein notwendiges Übel, das erforderlich ist, damit
die Welt sich dreht. Besitzgier ist ein noch größeres Übel,
das vermieden werden muß.*

*Ich ... (eigenen Namen einsetzen) wünsche genügend
Geld für meine Bedürfnisse, um folgendes zu erreichen:
... (Grund einsetzen), und um die Sache des Großen
Werkes zu fördern.*

Nachdem man die obigen Worte gesprochen hat, stellt man sich ein Pentagramm vor, das Grün und Violett glüht und über den Kerzenlichtern schwebt. An jeder Spitze des Sterns reflektiert eine Goldmünze, wie Pesos, die man in Piratenschätzen findet, das Kerzenlicht darunter. Während man diese astrale Sigill visualisiert, wiederholt man die untenstehenden Worte laut:

Erzengel Sachiel, Herr des Jupiter, ich richte meine Worte an dich, damit du meine Wünsche gewährst und mein gegenwärtiges Bedürfnis nach finanziellem Wohlstand erfüllen mögest.

Dieses Geld, um das ich bitte, ist nötig, weil ... (Grund einsetzen), und nicht, weil ich ein gieriger Mensch bin, den es danach verlangt, ein müßiges Leben in Luxus zu führen.

Herr* Sachiel, Engel des Glücks, gewähre mir meine Wünsche und schicke mir finanzielles Glück. So sei es.

Sobald man die Bitte zu Ende gesprochen hat, stellt man sich Geld vor, das in Form von Goldmünzen aus einem nach unten gerichteten Füllhorn herabfließt. Sehen Sie vor Ihrem geistigen Auge die Münzen kaskadenartig durch die Luft fallen und hören Sie sie vor sich zu Boden klirren.

Man sitzt einige Minuten still vor den brennenden Kerzen. Schauen Sie die flackernden Kerzenlichter an und hören Sie nicht auf, sich weiterhin die Münzen vorzustellen, die auf Sie herunterpurzeln durch den astralen Äther. Lassen Sie die Kerzen brennen, bis sie ausgehen.

---

* Hier immer im Sinne von »der Herr (über)«.

Während dieser Zeit können Sie dem Ritual zusätzliche Kraft verleihen, indem Sie über den Tarotkarten meditieren, die als Schicksalsrad, As der Münzen, Sonne, Welt und Herrscherin bekannt sind; alles Symbole des Glücks.

Wenn dieses Ritual von Erfolg gekrönt wurde, mag der Praktizierende feststellen, daß ein kleiner Gewinn im Fußballtoto oder bei Wertpapieren oder eine Gehaltserhöhung das Ergebnis sind, die genügend zusätzliches Geld für die unmittelbaren Bedürfnisse bringen. Vermeiden Sie, sich vorzustellen, daß Magie Erfolge durch ein anderes Medium als die physische Ebene bringt. Obwohl Materialisationen anerkanntes Merkmal psychischer Phänomene sind, lebt der Magier, der nach einem Geldritual erwartet, daß Zehnmarkscheine von der Decke rieseln, in einer Welt der sich selbst irreführenden Fantasie.

Erinnern Sie sich immer daran, daß ein Teil des durch Magie gewonnenen Geldes an die Götter zurückgegeben werden sollte, denn »geben heißt erhalten«. Sie brauchen sich keine Gedanken darüber zu machen, wie das gehen soll, denn die Götter werden das für Sie erledigen. Wenn Sie es jedoch versäumen, Ihren Teil des Geschäftes zu erfüllen, stehen Ihnen vielleicht plötzlich unerwartete Ausgaben bevor, die Ihre Gewinne dahinschmelzen lassen. Wie Feengold werden sie wieder in die astrale Ebene verschwinden und jemand anderem zugute kommen. Diese Lektion verbirgt sich hinter den die Wahrheit verzerrenden mittelalterlichen Erzählungen vom faust'schen Magier, der einen Pakt mit dem Teufel schließt und seine Seele verkauft, um zu Ruhm und Reichtum zu kommen.

Durch magische Rituale wird man nicht zu großem Vermögen kommen, ein Magus wird nie in einem despotischen Leben des übergroßen Luxus schwelgen. Das bedeutet jedoch nicht, daß Armut eine spirituelle Tugend ist. Denn normalerweise bekommt man nur soviel Geld, wie für die unmittelbaren Bedürfnisse benötigt wird, und das ist ja nicht schlecht. Selbst dann sollte davon ein Teil an den Wohltäter zurückgegeben werden, um die Kühnheit auszugleichen, die Mächte mit solch trivialen Angelegenheiten überhaupt zu behelligen.

Ein Ritual zur Anziehung von Liebe

Die Praktizierung jeder Art magischen Rituals bedeutet, daß der Ausübende mit Kräften des Karma, Geschicks oder Schicksals in Kontakt ist. Es sollte daher nicht leichtfertig oder ohne sorgfältige Vorbereitung gearbeitet werden. In der ägyptischen Mythologie heißt es, daß die Seele nach dem Tod in den Waagschalen der karmischen Gerechtigkeit gegen die Feder der Göttin der Wahrheit, Maat, aufgewogen wurde. Die guten Taten der Seele und ihre schlechten wurden dann vom ibisköpfigen Gott Thoth oder Theut in seiner Rolle als Schreiber der Götter aufgezeichnet. Die Tatsache, daß alle dieses Gottesurteil nach dem Tod fürchten mußten, machte die Magier des alten Ägypten in ihrer magischen Arbeit sehr vorsichtig.

Obwohl unser Inkarnationsmuster bei der Geburt ausgearbeitet ist, haben alle Individuen bis zu einem gewissen Grad die freie Wahl, Entscheidungen zu treffen und in manchen Fällen ihr Leben und ihr Schicksal selbst in die Hand zu nehmen. Deshalb hat der Mensch kein Recht, sich bewußt in das Leben eines anderen einzumischen oder den persönlichen Freiraum eines anderen zu verletzen.

Magier oder Hexen werden oft gebeten, einen »Liebeszauber« herbeizuzaubern, um zwei Leute zusammenzubringen. Gewöhnlich geschieht dies deshalb, weil einer den Annäherungen des anderen abweisend gegenübergestanden hat und der abgewiesene Partner die Situation durch die Anwendung von Magie umkehren will. Wenn der Magus sich in diese Umstände einmischt, bedeutet dies eine bewußte Beschneidung des freien Willens der anderen Person, was ethisch gesehen nicht in Ordnung ist. Wenn der Magier jedoch völlig uneingenommen arbeitet, um Harmonie zwischen ein streitendes Paar zu bringen oder eine existierende Beziehung zu kitten, ist dies eine akzeptable Art, magische Energie zu verwenden – obwohl häufig das Schicksal das letzte Wort haben wird.

Als Alternative dazu kann der Magier und der Kerzenmagie Praktizierende darum bitten, daß universelle Liebe zu ihm selbst oder einer anderen Person hingezogen wird. Da magisches Wirken nur darauf angelegt ist, positive Einflüsse anzuziehen, spricht vom moralischen Standpunkt nichts dagegen, wenn das Endergebnis das Glück aller Beteiligten ist.

Das folgende Ritual zur Anziehung der Kraft der Liebe sollte bei Neumond durchgeführt werden, oder wenn der abnehmende Mond im astrologischen Zeichen der Waage steht. Eine rosafarbene Kerze wird angezündet, und davor legt man die Tarotkarten Der Narr und Die Liebenden aus.

Während der Bittsteller die Kerze anzündet, spricht er oder sie die folgenden Worte:

Erzengel Anael, Herr der Venus und Engel der Liebe, mit dem Entzünden dieser Kerze rufe ich die Kraft der universellen und kosmischen Liebe an, mein Herz und Leben zu erfüllen.
Glück und Liebe sind die beiden Zeiger der Uhr des ewigen Lebens. Mein eigenes Leben, das in der Leere der Welt der Phantome flackert, brennt wie die Flamme dieser Kerze in der Dunkelheit.

Nun schaut man die Karte Der Narr an und spricht das folgende:

Während ich in das Gesicht des göttlichen Narren schaue, des Adepten, der vor dem Abgrund der Unsterblichkeit steht, des Babys, das neu aus dem kosmischen Ei geboren ist/wird, finde ich neue Bedeutung in meinem Leben, neue Anfänge und neue Abenteuer; Glück fließt mir zu.

Meditieren Sie über der Tarotkarte Die Liebenden und sprechen Sie wie folgt:

Während ich auf die kosmischen Liebenden schaue, vereint im Tanz des Lebens, die göttlichen Zwillinge, deren Liebe Erde und Himmel verbindet, bin ich von Liebe umgeben und ziehe die Liebe anderer auf mich.

Lassen Sie die Kerze abbrennen, während Sie über den zwei Karten meditieren, und malen Sie sich Wogen der Liebe und des Glücks aus, die aus allen Richtungen auf

Sie zukommen. Stellen Sie sich ein warmes, glühendes Gefühl am ganzen Körper vor. Fühlen Sie sich in einen behaglichen Kokon liebender Schwingungen eingehüllt.

Dieser kleine magische Akt, so einfach und direkt er ist, stellt das Vertrauen in die mächtige Kraft der Liebe wieder her, so daß sie alle Hindernisse überwindet und zerbrochene Träume zum Positiven wendet.

6. Kapitel

KERZENMAGIE ZUR HEILUNG

*U*nglücklicherweise leben wir in einer unvollkommenen Welt, und obwohl in der Medizin ungeheure Fortschritte, seit kurzem auch in der Anwendung alternativer Medizin, gemacht worden sind, gibt es immer noch um uns herum Menschen, die unter Krankheiten leiden. Moderne streßbedingte Leiden und Erkrankungen wie AIDS sind nur die neueste Herausforderung für diejenigen, die auf dem Gebiet der Medizin forschen.

Eine beträchtliche Menge an Zeit wird von vielen praktizierenden Okkultisten, Magiern und Hexen damit verbracht, Kranke zu heilen. Wie wir vorher gesehen haben, gibt es ein ungeschriebenes Gesetz, daß jene, die das esoterisches Wissen studieren, es nur anwenden sollten, um anderen im Dienst der gesamten Menschheit zu helfen. Kerzenmagie kann bei dieser wesentlichen Arbeit eine wichtige Rolle spielen, weil sie Heilrituale kennt, die Gesundheit und Vitalität derer wieder herstellen können, die an Geist und Körper erkrankt sind. Diese Rituale können entweder vom Ausübenden verwendet werden, um anderen Linderung zu bringen, oder um das eigene Wohlbefinden wiederherzustellen. Wie bei der Magie zur Anziehung von Geld im letzten Kapitel gibt es kein Verbot der Anwendung von Kerzenmagie zur Selbsthilfe.

Angelegenheiten, die die Gesundheit betreffen, sind Sache des Erzengels Raphael, dem Botschafter der Götter, der in heidnischen Zeiten als Hermes, Merkur, Ogma und Odin bekannt war. Ihm wurde allgemein die Erfindung des Schreibens, der Astronomie und des Tarots zugeschrieben. Das Symbol von Raphael/Hermes ist der geflügelte Stab, umschlungen von zwei Schlangen, das Sinnbild der Heilkunst.

Kerzenmagie zur Förderung der Gesundheit sollte durchgeführt werden, wenn der Mond in einem der Tierkreiszeichen steht, die von Merkur regiert werden – Zwillinge oder Jungfrau –, oder wenn er in einem der Feuerzeichen steht – Widder, Löwe oder Schütze. Fische ist ein weiteres Zeichen, das empfohlen wird, wegen deren Verbindung mit der Medizin. Die Zeit des abnehmenden Mondes kann verwendet werden, um Leiden wie Gallensteine oder Krebs zu heilen, wobei Sonntag und Mittwoch gute Tage für diesen Zauber sind. Beide Tage werden von der Sonne/Michael und Merkur/Raphael regiert, und diese zwei Engel können während der Rituale zum Heilen von körperlichen bzw. seelischen Krankheiten angerufen werden.

Wie wir an der Liste der Farben in Verbindung mit Kerzenmagie sehen, wird Rot gewöhnlich mit der Gesundheit assoziiert. Diese Farbe repräsentiert das Element Feuer und symbolisiert sexuelle Energie und Lebenskraft. Wenn Menschen gesund sind, sprechen wir von ihrem »frischen* Aussehen« oder »rosigen Wangen«, die als Zeichen der Vitalität betrachtet werden. Deshalb sollten rote Kerzen angezündet werden, um die

---

* im Englischen: »ruddy« = rötlich oder frisch (Anm. d. Ü.).

heilende Kraft anzurufen, aber da Heilung unter der Regentschaft des solaren Erzengels Raphael steht, können sie mit gelben kombiniert werden.

Die Heilkraft der Farben

Heute ist die Verwendung von Farben zu Heilzwecken wissenschaftlich anerkannt, obwohl sie von den Priestern der alten Religionen und den Magiern bereits seit Tausenden von Jahren angewendet wurden. Die sieben Farben, die bei der Kerzenmagie verwendet werden können, sind wie folgt definiert.

Rot kuriert körperliche Schwäche und Verlust von Vitalität, Bronchitis, Blut- und Herzkrankheiten, Arterienverkalkung, Erkältungen, Nebenhöhleninfektionen und Impotenz.

Orange heilt Nierenentzündungen, beugt Asthmaanfällen vor, hilft gegen Gallensteine, schafft Erleichterung bei Monatsbeschwerden, bei epileptischen Anfällen, geistiger Müdigkeit und streßbezogenen Krankheiten. Diese Farbe wirkt auch bei sexuellen Störungen, emotionalen Hemmungen, Frigidität, Schüchternheit und mangelndem Selbstvertrauen.

Gelb heilt Magenbeschwerden, Lebererkrankungen, Diabetes, Hautkrankheiten und nervöse Erschöpfungszustände. Diese Farbe wirkt positiv auf Verdauung und Stoffwechsel, stimuliert die Nerven und reinigt die Poren.

Grün kann bei Geschwüren, hohem und erhöhtem Blutdruck, Krebs, Migräne, Geschlechtskrankheiten und

Grippe helfen. Diese Farbe hat eine allgemein beruhigende Wirkung auf Körper und Geist, beispielsweise bei Streß oder hyperaktivem Verhalten.

Blau heilt Halsentzündungen, Zahnschmerz, Ruhr, Magen- und Darmkrankheiten, entzündete oder ermüdete Augen, Schlaflosigkeit, Schockzustände und Herzklopfen. Diese Farbe ist hilfreich bei psychischen Beschwerden.

Indigo behandelt alle Probleme, die mit den Ohren, Augen und der Nase, Lungenkrankheiten, Schnupfen, Kinderkrankheiten, Alkoholismus, Drogensucht und Geisteskrankheit zu tun haben. Diese Farbe hat eine beruhigende Wirkung auf die Psyche.

Violett kann bei Neurosen, Ischias, Krämpfen, Wucherungen von Krebszellen, Blasenschwäche (einschließlich Bettnässen), Harninfektionen und ernsten Funktionsstörungen des zentralen Nervensystems verwendet werden.

Diese Farbstrahlungen können entweder durch die Farbe der Kerze repräsentiert werden, die beim Heilungsritual verwendet wird, oder aber der konkrete Strahl kann vom Magier direkt auf den Patienten projiziert werden, der sich entweder im selben Raum oder an einem anderen Ort in einiger Entfernung aufhalten kann.

Allgemeines Ritual zur Heilung

Dieses Heilungsritual kann bei abnehmendem Mond während des lunaren Zyklus praktiziert werden. Auf diese Art werden die Krankheitsmerkmale, von denen der Patient betroffen ist, sowohl aus seiner Aura und seinem Astralkörper als auch aus seiner physischen Gestalt verbannt.

Wählen Sie die korrekten Farben für Ihre Kerzen, die entweder rot, gelb oder andersfarbig sein können, je nach der zu behandelnden Beschwerde. Wenn die Kerzen vorbereitet und geölt sind, sollten sie angezündet und die folgenden Worte laut rezitiert werden:

Im Namen der Kraft dieser brennenden Flamme ziehe ich den heilenden Strahl des Herrn Raphael, Engel des Merkur, auf ... (Namen einsetzen) und rufe ihn an, um alle negativen Einflüsse auf die Gesundheit aus dem Körper von ... (Namen einsetzen) zu verbannen.
Mögen die Segnungen der großen Heilengel, Raphael und Michael, ... (Namen einsetzen) volle Gesundheit und Vitalität zurückbringen. So sei es.

Zeichnen Sie auf einem gewöhnlichen Stück Papier mit gelber Tinte, Filzstift oder Kreide die planetarische Sigill für Merkur. Dies ist ein gleicharmiges Kreuz, gekrönt von einem Kreis, auf dem ein nach oben gebogener Halbmond ruht, dessen Spitzen nach oben zeigen.

Durch dieses magische Zeichen stelle ich ... (Namen einsetzen) unter den Schutz des Erzengels Raphael, Herr der Heilung. Möge keine weitere Krankheit ihn/

sie plagen und seine/ihre volle Genesung gewährleistet sein.

Dann wird das Papier in der Flamme der Kerze zu Asche verbrannt, und während es brennt, stellt der Ausübende sich den von Flügeln gekrönten Schlangenstab des Hermes vor, über den Flammen schwebend. Die folgenden Worte werden rezitiert:

Dies ist der heilende Stab des Erzengels Raphael, bei den Alten bekannt als Hermes. Ich schicke diesen Stab an ... (Namen einsetzen), um seine/ihre völlige körperliche und geistige Gesundheit herzustellen.
Möge seine Kraft ihn/sie in dieser Zeit der Hilfsbedürftigkeit unterstützen und ihn/sie mit Vitalität, Energie und den Segnungen des Lebens erfüllen.

Stellen Sie sich vor, wie der heilende Stab durch den Äther hindurch zum Patienten reist, während Sie diese Worte sprechen. Der Kerze oder den Kerzen sollte dann gestattet werden, niederzubrennen, während der Ausübende über den Patienten meditiert und, wenn gewünscht, auch geistig den heilenden Strahl in der passenden Farbe in seine oder ihre Richtung projizieren kann.

Begleitung der Verstorbenen

Es mag merkwürdig erscheinen, daß sich dem Heilungsritual für die Kranken die Verwendung der Kerzenmagie zum Beistand der Verstorbenen anschließt. Eine der traditionellen Rollen von Hermes, dem heidnischen Äquivalent von Raphael, war jedoch die des Begleiters der Toten in den Hades, und es ist eine Tatsache des Lebens, daß ein Kranker trotz der Bemühungen von Ärzten und Heilern manchmal auf die Behandlung nicht anspricht und stirbt. Einige Krankheiten sind karmischer Natur und können durch Heilen nicht kuriert werden. In solchen Fällen kann jedoch der Heiler dem Kranken seelisch beistehen, indem er ihm hilft, friedlich und ohne Schmerz einzuschlafen, und die Hinterbliebenen tröstet.

Tod ist das letzte Tabu unserer freizügigen Gesellschaft, aber in der Praxis muß der Magier lernen, in all seinen Formen damit umzugehen. Um dem Geist des Verschiedenen zu helfen, den Übergang ins Sommerland zu finden, kann der Magier ein einfaches Ritual ausführen, das die Lösung von der physischen Ebene erleichtert. Dieses Ritual hat offensichtlich Gemeinsamkeiten mit der Totenmesse, die von der katholischen Kirche gehalten wird, welche heidnischen Begräbnisriten entnommen sind.

Weiße oder silberne Kerzen sollten für das Todesritual angezündet werden. Kirchenausstatter bieten Altarkerzen guter Qualität aus reinem Bienenwachs zu vernünftigen Preisen an, die für diesen Zweck ideal sind.

Bevor man die Kerzen anzündet, stelle man sich den/die Verstorbene/n so vor, wie man ihn oder sie zuletzt bei guter Gesundheit gesehen hat, lachend und glücklich (wenn man die Person nicht kannte, kann ein Foto für diesen Zweck verwendet werden).

Dann zündet man die Kerzen an und wiederholt die folgenden Worte laut:

73

Ich zünde diese Kerze in Erinnerung an ... (Namen ein-
setzen) an, der/die von der irdischen Ebene zur anderen
Seite gegangen ist. Ich/wir erinnern uns an ihn/sie, wie
er/sie im Leben glücklich und voller Freude mit sei-
ner/ihrer Familie und Freunden zusammen war.

Machen Sie einige Minuten Pause, damit alle Anwesen-
den sich das Leben des/der Verschiedenen vor dem Tod
in Erinnerung rufen können. Sprechen Sie dann die folgenden Worte:

Ich zünde diese Kerze für ... (Namen einsetzen) an, da-
mit er/sie von den dunklen Schwingen des Azrael, dem
Engel des Todes, aufgenommen werden möge.
Möge ... (Namen einsetzen) über den Fluß getragen
werden, um in Frieden den leuchtenden Ort jenseits zu
erreichen.
Laß seinen/ihren Geist durch das Tor zwischen dieser
Welt und der nächsten gehen und wahre Liebe und Ge-
lassenheit mit jenen finden, die vorher gegangen sind.
Möge die Zeit im Sommerland gewinnbringend sein,
auf daß er/sie zur Erde zurückkehren und mit seinen/
ihren Geliebten vereint werden möge und die große Rei-
se zur Vereinigung mit Gott fortsetzt.

Machen Sie eine Pause, um sich den/die Verstorbene/n
noch einmal vorzustellen, und sprechen Sie dann folgende Worte:

Ich/wir bitten darum, daß ... in dem Wissen, daß sei-
ne/ihre Familie hier auf der irdischen Ebene mit Liebe
an ihn/sie denkt, in Frieden mit sich sei. Geh in Frieden,
und möge der Friede mit dir sein.

Dann läßt man die Kerzen einfach vollständig nieder-
brennen, während jene, die anwesend sind, an die ver-
storbene Person denken, die ins Sommerland getragen
wird und dort in seinen wunderschönen Gärten und
Wäldern verweilt.

Erdgebundene Geister

Aufgrund der wenigen Informationen, die wir vom Tod
haben, und der Angst vor dem Sterben, was zu der Ent-
stehung von Tabus und Aberglauben in Bezug auf dieses
Thema geführt hat, widerstehen manche Seelen dem
Prozeß des Weggehens von der irdischen Ebene. Diese
Seelen werden zu dem, was man »erdgebundene Geister« nennt, in der Schwebe zwischen dieser Welt und
der nächsten. Wenn der Tod plötzlich oder gewaltsam
kam, ist sich der Geist oft nicht einmal voll bewußt, daß
er den physischen Körper verlassen hat, und könnte in
einem Zustand extremer Verwirrung bezüglich dessen
sein, was wirklich geschehen ist. Solche Seelen versuchen häufig, mit ihren Geliebten in Kontakt zu treten,
und wenn sie in der Umgebung ihrer irdischen Umwelt
bleiben, tritt ein psychisches Phänomen auf, was wir mit
Geistern und Spuk in Verbindung bringen.

In einem solchen Fall kann es für den praktizierenden
Magier nötig werden, auszuführen, was in spiritisti-
schen Kreisen als »Befreiungsarbeit« oder, in der magischen Terminologie, als Exorzismus-Ritual bezeichnet
wird. Unglücklicherweise beschwören die Sensations-
medien ein abschreckendes Bild des Exorzisten herauf,
gewöhnlich ein christlicher Geistlicher, der mit Dämo-

nen ringt und den mythischen Teufel aus denen treibt, die angeblich besessen sind. Wie schon so oft wurde auch hierbei die Arbeit eines Magiers von der Öffentlichkeit falsch verstanden.

Für die Ausübung des Exorzismus werden weiße Kerzen angezündet, und wenn der Magier das Gefühl hat, daß ein erdgebundener Geist für das Spuken verantwortlich ist, wird der Erzengel Azrael, planetarischer Herrscher des Pluto und als Engel des Todes bekannt, darum gebeten, die wandernde Seele aufzulesen und zur anderen Seite zu geleiten. Dies ist eine der Aufgaben des Engels des Todes, der in der altägyptischen Mythologie als Schakalgott Anubis und in den alten keltischen Mythen als Gwynn ap Nudd, Herr der Wilden Jagd, bekannt war.

Exorzismusrituale können Schwierigkeiten bereiten, und aus diesem Grund werden sie am besten erfahrenen Okkultisten, Magiern oder Hexen überlassen, die Übung darin haben, mit den psychischen Nebenprodukten wie Spuk und den Aktivitäten erdgebundener Geister umzugehen.

7. Kapitel

KERZEN ALS SCHUTZ

Für alle, die sich für das Okkulte interessieren, ist der Angriff auf die Psyche und die Reaktion darauf – also die Selbstverteidigung der Psyche – ein populäres Thema. *Selbstverteidigung der Psyche* (auf deutsch: *Die mystische Kabbala*) ist auch der Titel eines Buchklassikers von Dion Fortune, der zu einer Bibel für praktizierende Magier wurde, die bei ihrer Arbeit mit dem Thema umgehen. Obwohl 1935 geschrieben, liefert Fortune, die Mitglied des »Hermetischen Ordens des Golden Dawn« und Gründerin des Zirkels »Fraternity of the Inner Light« war, eine große Menge an Information bezüglich des Schadens, der durch den Mißbrauch magischer Energie und psychischer Kraft verursacht werden kann, und darüber, wie man sich vor negativen Auswirkungen schützt. Dieses Buch sollte für jeden, der sich für praktische Magie interessiert, Standardlektüre sein.

Tatsächlicher psychischer Angriff kommt jedoch sehr selten vor, obwohl der Neuling in der okkulten Szene viele Leute treffen wird, die angeblich auf der astralen Ebene angegriffen werden und unter bösen Flüchen oder Todesstrahlen eines Adepten des »Linkshändigen Pfades« leiden. All das klingt für den Anfänger, der in diesen Dingen unerfahren ist, sehr aufregend und gefährlich, und er könnte auf die wilden Geschichten dieser okkulten Prahlhälse hereinfallen. In der Mehrheit der Fälle leiden die betroffenen Menschen jedoch nur an Täuschungen oder Verfolgungswahn und könnten viel eher durch psychiatrische Behandlung als durch irgendwelche magischen Riten kuriert werden!

Ungeachtet dessen kann es tatsächlich sehr unangenehm sein, wenn man einer echten psychischen Attacke begegnet, die von einer Person mit okkultem Wissen herrührt. Daher ist – wie das alte, doch weise Sprichwort sagt – Vorsorge besser als Nachsorge. Um das Zitieren dieses ehrwürdigen Sprichwortes zu rechtfertigen: Es ist angebracht, bevor man dem Leser die Grundlage der Magie näherzubringt, Mittel aufzuzeigen, die verwendet werden können, um »Dinge, mit denen man im Astralen zusammenstößt«, zu bekämpfen.

Kerzen sind ein Symbol des Lichtes, und wie wir aus dem Glauben wissen, überwindet Licht die Dunkelheit. Das ist natürlich eine sehr vereinfachte Art, die Funktionsweise des Universums zu betrachten. Sie stammt aus dem christlichen Gedankentum und läßt der Tatsache, daß Licht und Dunkelheit zwei Aspekte desselben kreativen Prinzips sind, keinen Raum. Trotzdem stattet sie den Magier mit einem passenden symbolischen Modell aus, um negative Kräfte zu bekämpfen, obwohl nicht alles so ist, wie es zu sein scheint. In den alten Mysterien, aus denen sich der moderne Okkultismus ableitet, wurde der Kandidat vom Initiierenden aufgefordert: »Führe mich aus der Dunkelheit ins Licht, führe mich vom Unwirklichen zum Wirklichen.« Jene, die dem okkulten Pfad folgen, sollten bestrebt sein, auf ihrer Suche nach der Wahrheit den Hintergrund dieser Worte zu verstehen.

Da Licht das erfolgreichste und wirkungsvollste Gegengift gegen psychische »Unannehmlichkeiten« zu sein scheint, besteht der beste Schutz gegen magische Angriffe darin, sich mit einem symbolischen Lichtkreis zu umgeben. Das kann entweder ein physischer Kreis aus angezündeten Kerzen oder – wenn dies nicht günstig ist – ein visualisierter Kreis aus blauem Licht sein, der uns selbst oder unser Heim in unserer Vorstellung umgibt. Das stellt uns auf astraler Ebene einen passenden Schutzring zur Verfügung, der negative Gedanken und ebensolche psychischen Energien am Eindringen hindert.

Psychische Angriffe sind nicht konstant, sondern tauchen temporär auf. Das liegt daran, daß der Angreifer nicht die nötige Zeit und Energie hat, ununterbrochen zu attackieren. Die Projektion der Gedanken, die benutzt werden, um eine psychische Attacke in Gang zu halten, ist ein sehr anstrengendes Ritual. Wahrscheinlich ist das der Grund, warum wahre magische Angriffe relativ selten vorkommen. Wenn man sich der Mischung aus okkultem Wissen, der persönlichen Erfahrung und gesundem Menschenverstand bedient, wird man daraus bald auf die Art der Angriffe schließen können. Sie folgen vielleicht den Mondphasen oder sogar – auf einer irdischen Ebene – den geschäftlichen und sozialen Aktivitäten des psychischen Feindes.

Der zuvor beschriebene Schutzkreis ist eine sehr wirkungsvolle Methode. In esoterischer und alter religiöser Symbolik steht der Kreis für die Ewigkeit, die keinen Anfang und kein Ende hat und nicht zerstört werden kann. Er symbolisiert auch die stellare Gebärmutter der Großen Mutter, aus der das Universum geboren wurde.

Daher umgibt man sich mit dem mächtigsten und kraftvollsten Symbol, das der Menschheit bekannt ist, dem Feuer – das dadurch doppelten Schutz gegen alles bietet, was uns Schaden zufügen könnte.

Die Schutzengel

Ob man sich nun dafür entscheidet, einen tatsächlichen Ring aus Feuer oder einen visualisierten Ring aus Licht zu verwenden: Stellen Sie sich immer vor, daß an jedem seiner vier Viertel oder vier Himmelsrichtungen Engel stehen. Dies sind die Schutzengel Michael, Raphael, Gabriel und Uriel (der Engel, der Uranus regiert). Man sollte sie sich in traditioneller Art vorstellen, mit riesigen Flügeln, die nach hinten zusammengefaltet sind, wobei sich die Spitzen berühren. Jeder der Engel schaut nach außen, und ihre Hände ruhen auf dem Griff breiter Schwerter. Visualisieren Sie diese großartigen Engelsgestalten, die eine Aura reinen goldenen Lichtes umgibt und die vor innerer Macht zu beben scheinen.

Traditionell war Michael der Engel, der die Unterwelt bewachte, und im esoterischen Christentum wurde er zudem als der Erzengel angesehen, der negative Kräfte besiegen konnte. Daher werden Bitten um Hilfe und Schutz an ihn gerichtet. Man kann Michael anrufen, indem man eine goldene oder orangefarbene Kerze anzündet und die folgenden Worte rezitiert:

Erzengel Michael, Herr des Lichtes, schütze ... (Namen einsetzen) vor negativen Kräften.
Möge dein flammendes Schwert die Feinde der Wahr-

*heit hinwegfegen und dein goldenes Licht die dunklen
Schatten erleuchten.*

*Diese Kerze ist ein kleines Symbol für dein Licht und die
leuchtende Gegenwart deiner Engelsgenossen.*

*Durch dieses Zeichen werden wir das Böse, das gegen
uns ausgesandt wird, nicht fürchten, und es wird dreifach an den Absender zurückgesandt werden.*

Es sollten eine zweite und dritte Kerze angezündet und
als Symbol gesehen werden, um den Schutz zu verdop-
peln oder zu verdreifachen, der entweder uns selbst oder
jede andere Person umgibt, zu deren Gunsten man dieses Ritual der Selbstverteidigung ausübt.

Wenn man die Bitte ausgesprochen hat, bekreuzigt
man sich. Dazu berührt man die Stirn, die Mitte der
Brust, die linke und die rechte Schulter jeweils mit den
Fingern einer Hand. Während man das Kreuz schlägt,
stellt man sich vor, daß es in goldenem Licht auf den
Körper geschrieben wird. Das hat nichts mit der typisch
katholischen Bekreuzigung zu tun, sondern es stellt das
Kreuz der Elemente dar, das von alters her von Magiern
und Hexen verwendet wurde, um die Aura zu versiegeln
und das Eindringen negativer Kräfte zu verhindern.

Es gibt Zeiten, in denen unerwünschte Einflüsse und
negative Kräfte zu Menschen hingezogen werden; diese
Elementarkräfte heften sich an die Aura und verursachen
psychischen Schaden. Das Böse, das von der Menschheit
seit unzähligen Jahrhunderten ausgeht, hat sich zu einem
Reservoir negativer Energie aufgebaut, das unglücklicherweise manchmal auf die psychische Ebene übergeht.
Der Schaden, den es anrichtet, kann sich als Schwindel-
anfall, starke Kopfschmerzen, Energieverlust und Müdig-

keit manifestieren. Es ist offensichtlich, daß man nicht immer sofort vermuten sollte, diese Art von Symptomen signalisieren eine psychische Attacke. Manchmal haben sie eine körperliche Ursache, und ein Arzt oder Praktizierender alternativer Medizin mag nützlicher als ein Exorzist oder okkulter Heiler sein.

Ähnliche Resultate werden erreicht, wenn sich die betreffende Person in unmittelbarer Nähe eines »psychischen Vampirs« befindet, der die Energiereserven abzieht. Es wird auch von Poltergeistaktivitäten und sogar von der Manifestation von Wesen berichtet, die den traditionellen Dämonen der mittelalterlichen Magie entsprechen. In solchen Fällen kann es nötig werden, die Aura des Opfers zu »reinigen«, und für diese psychische Reinigung kann ebenfalls Kerzenmagie verwendet werden. Das folgende Ritual kann mit der Person am Ort der Erscheinung oder auch woanders durchgeführt werden.

Blaue, silberne oder goldene Kerzen können für sich allein oder in Kombination miteinander verwendet werden. Diese werden angezündet, um wohltuende Einflüsse anzuziehen und negative Kräfte abzuwehren. Wieder wird der Erzengel Michael als gegenwärtiger Führer der Engelsheere angerufen, und der Magier stellt Kontakt mit der kosmischen Kraft her, die durch dieses archetypische Bild personifiziert wird, indem er die folgenden Worte spricht:

Erzengel Michael, hier vor dir steht ... (Namen einsetzen), der/die von negativen Kräften angegriffen wird. Es wird gebeten, ihn/sie von diesem Zustand zu befreien, seine/ihre Aura zu reinigen und die negativen Energien ins Licht zu zerstreuen.

Ich bitte darum, daß ... von allen astralen Unreinheiten gereinigt wird und die Reinheit erhält, die den Kindern der Mutter Erde von den Engeln verliehen wird.

Während man diese Worte spricht, visualisiert man goldene und blaue Lichtstrahlen, die in die Aura der betroffenen Person eintreten. Man kann sich vorstellen, daß die Strahlen die bösen Kräfte in der Aura angreifen, als dunkle Kleckse von Materie sichtbar, sie in Stücke brechen und absorbieren. Danach stellt man sich die Person von Kopf bis Fuß in strahlend blauem Licht gebadet vor, wobei sie gelöst und glücklich aussieht.

Rituelle Handlungen

Machen Sie nicht den Fehler, zu denken, das Vorbereiten und das Anzünden der Kerzen während der vorher beschriebenen Rituale seien neben den tatsächlich gesprochenen Worten oder Symbolen, die vom Magier visualisiert werden, nebensächlich. Diese einfachen Handlungen sind genauso wichtig, denn der symbolische Ersatz, der auf der Bühne der physischen Ebene steht, verbindet den Ausübenden erst mit der astralen Ebene, wo wahre Magie ihre größte Wirkung hat. Magie und ihre Wirkungen mögen sich durch physische Existenz bemerkbar machen, aber die eigentliche Arbeit geschieht »hinter den Kulissen« auf der psychischen Ebene.

Es kann nicht oft genug betont werden, daß die Kerzen die Rolle von fokussierenden Vermittlern für das Bewußtsein spielen, gut für die Konzentration und Ausdruck der planetarischen Energien sind, die der Magier kontaktiert. Wenn man die wichtige Rolle, die Kerzen in der magischen Arbeit haben, mißachtet, beraubt man sie damit ihrer Bedeutung und der Möglichkeit, unsere Lebensumstände sowohl äußerlich als auch innerlich zu ändern.

Räucherwerk- und Kerzenmagie sind alte Künste, die die Jahrhunderte überdauert haben, weil sie funktionieren und Ergebnisse bringen. Wenn irgendeine Art magischer Praxis nicht arbeitet, kommt sie nicht mehr zur Verwendung, weil sie für den Okkultisten oder Magier keinen praktischen Wert hat. Kerzenmagie wurde von diesem Schicksal nie betroffen, obwohl sie viele Jahre lang in der Achtung der Magier nicht hoch stand. Heute hat das wiedererwachte Interesse an den okkulten Wissenschaften und der Praxis der Magie der Räucherwerk- und Kerzenmagie zu der Bedeutung verholfen, die sie verdient.

8. Kapitel

ÖFFNUNG DER PSYCHE

*I*n diesem Kapitel untersuchen wir den Gebrauch der Kerzenmagie zur Erlangung psychischer Empfänglichkeit. Oft hieß es, nur wenige Auserwählte hätten psychische Fähigkeiten, und die Kraft werde dieser ausgewählten Elite freundlicherweise als göttliches Geschenk oder durch die geheimen Lehren gewährt, die von Initiierten seit alter Zeit weitergegeben werden. Wie so vieles im volkstümlichen Glauben ist diese Meinung falsch. Tatsächlich haben wir alle ein verstecktes Potential an psychischen Fähigkeiten in uns, das durch einige einfache Übungen zum Vorschein gebracht werden kann.

Psychische Kräfte sind ein gemeinsames Erbe der Menschheit, die sogar unsere frühesten Vorfahren besaßen, die in Höhlen lebten. Psychologen sehen langsam ein, daß eine durchschnittliche Person nur ein Drittel der tatsächlichen Kapazität des Gehirns nutzt. Auf ihrer Suche nach neuem Wissen und Erfahrungen jenseits der normalen Sinneswelt versuchen Okkultisten und medial Begabte die verborgenen zwei Drittel des Bewußtseins, zu finden und damit zu arbeiten.

Es wird allgemein angenommen, daß in den frühen Stadien menschlicher Evolution die PSI- oder psychischen Sinne in uns allen voll einsatzfähig waren. In prähistorischen Zeiten verwendeten die Menschen ihre natürlichen PSI-Kräfte beispielsweise beim Jagen, und vor der Entwicklung der Sprache zur Kommunikation. Als unsere Zivilisation entstand und Menschen sich in größeren Gruppen zusammenschlossen, verkümmerten nach und nach diese besonderen Eigenschaften, die sie in Urzeiten besaßen. Dies geschah größtenteils aufgrund der Abkehr von der Natur und dem Anteil des Menschen an dieser Entwicklung in der vorchristlichen Periode. Diese Tendenz hat sich heute verstärkt vorgesetzt. Was einst natürlich war, wurde zum künstlichen Wissensgebiet weniger Menschen.

In einigen Fällen werden Menschen mit voll aktivierten psychischen Sinnen geboren. Diese vergleichsweise seltenen Leute sind als »natürlich medial Begabte« oder »Sensitive« bekannt, und während einige ihre Gaben mit dem Einsetzen der Pubertät verlieren, bleiben sie bei anderen das ganze Leben lang erhalten. In Anderen ist das psychische Potential im Innersten verborgen und kann mit Training zum Vorschein gebracht werden. Kinder zeigen oft eine kleine Menge psychischen Bewußtseins, aber kulturelle Einflüsse und Erziehung lassen es gewöhnlich vor der Pubertät verkümmern.

Die Mehrheit der gewöhnlichen Menschen hat in ihrem Leben manchmal in Zeiten von Streß, Gefahr oder ernster Krankheit kurze Erfahrungen von PSI-Bewußtsein. Es wird unter Ihren Freunden, Verwandten oder Kollegen einige geben, die eine »merkwürdige Geschichte« erzählen können. Da diese Kräfte jedoch unentwickelt und untrainiert sind, hat die durchschnittliche Person keine Kontrolle über ihr Auftauchen oder ihre Nutzung. Das angemessene okkulte Training kann jenen, die daran interessiert sind, helfen, den verborgenen Teil ihres PSI-Potentials zu verstehen, und es kann den Nutzer außerdem den Weg zu einem neuen Moralverständnis weisen, das als Maßstab dienen kann, wenn die Kräfte zum Wohlergehen anderer genutzt werden.

In der Kerzenmagie wird die Kerze auf den ersten Stufen der Entwicklung psychischer Fähigkeiten hauptsächlich zur Meditation verwendet. Das bedeutet, »mentale Planung«, »kreatives Denken« oder »Kontemplation« zu praktizieren. Man wählt ein spezifisches Thema, eine Idee oder ein Symbol aus, das als Brennpunkt verwendet werden kann, um das versteckte Wissen im Geist freizusetzen. Dieser Brennpunkt wird von jedem geistigen Standpunkt und Winkel aus analysiert, um seine tiefste Bedeutung zu enthüllen.

Einige Fachbücher zu diesem Thema definieren Meditation folgendermaßen: Die Kunst bestehe darin, stillzusitzen und den Geist von unnötigen Gedanken zu leeren und an nichts zu denken, dazu kommt das Singen spezieller Mantren, um diesen Prozeß zu erleichtern. Meditation war immer ein wichtiger Aspekt in den östlichen Religionen. Es ist jedoch weniger bekannt, daß sie auch in der westlichen Esoteriktradition und praktischen Magie eine wesentliche Rolle spielt.

Meditation kann auch der Weg zur geistigen Handlung sein, wobei man sich aber nicht unbedingt passiv verhalten muß. Um es deutlicher zu machen: Ich meditiere manchmal, indem ich in einem Raum auf und ab gehe. Vielleicht liegt das daran, daß ich besser denke, wenn ich auf meinen Füßen stehe, aber Tatsache ist, daß mir Ideen und Inspirationen scheinbar leichter durch den Kopf schießen, wenn ich körperlich aktiv bin. Dies ist echte »aktive Meditation«, die im Westen und in einigen traditionellen Formen der Hexenkunst ein wichtiger Aspekt des magischen Pfades ist.

Hellsehen und Kerzenmagie

Bei der Ausübung von Meditation kann Kerzenmagie eine Rolle spielen, um den Geist im Hellsehen zu trainieren. Zuerst stellt man eine Kerze vor sich auf den Tisch. Konzentrieren Sie sich auf die Flamme, aber starren Sie nicht ohne Zwinkern darauf, da dies schmerzende Augen verursachen kann und den Erfolg einschränkt. Die beste Methode ist es, einige Minuten in die Kerzenflamme zu sehen und dann wegzuschauen. Wenn man die Kerze betrachtet, kann man seinen Geist von unerwünschten Gedanken reinigen, wie es in den östlichen Religionen üblich ist.

Diese Form der Meditation ist schwieriger, als es erscheint, denn der menschliche Geist ist unfähig, für längere Zeiträume in diesem Zustand zu bleiben, ohne daß fremde Gedanken eindringen. Tasten Sie sich erst an diese Methode heran, abwechselnd in kurzen Zeitspannen von konzentrierter Anstrengung und Ruhezeit. Sobald man sich müde fühlt, sollte man aufhören und es später noch einmal versuchen. Wenn Sie Ihr Bewußtsein trainieren, sich auf Ihren Willen hin von allen überflüssigen Gedanken zu befreien, befinden Sie sich in einem Zustand der Empfänglichkeit für viele Bilder und Symbole, die im Hinblick auf ihre psychische oder okkulte (verborgene) Bedeutung interpretiert werden können.

Eine alternative Methode zur Erlangung hellseherischer Fähigkeiten, wie sie in der Naturmagie oft verwendet wird, ist die Reflektion der Kerzenflamme in einem Spiegel, Kristall oder einer Schale Wasser. Menschen mit romantischer Ader wissen sehr wohl um die magische Wirkung von Kerzenlicht, wie es verzaubern und die Realität verändern kann. Das Licht einer Kerze hat eine sehr interessante Wirkung, wenn es von einer polierten oder verspiegelten Oberfläche reflektiert wird. Tatsächlich kann die Flamme, die auf diese Weise reflektiert wird, in subtiler Form psychische Energie produzieren, was in alten okkulten Abhandlungen als astrales Licht bezeichnet wird. In diesem Kraftfeld können sich Bilder und Visionen aus der Anderswelt manifestieren, und es kann auch als Materialisationsmedium für Geister dienen.

Das Hellsehen, bei dem ein Spiegel oder Kristall verwendet wird, ist als Wahrsagen mit der Kristallkugel bekannt, und man kann oft hören, daß Okkultisten über »Wahrsagen mit der Kristallkugel im Astralen« sprechen. Dieser Ausdruck bezieht sich speziell auf Visionen, die mittels eines Kristalls von einem Seher direkt aus der astralen Ebene oder Geistwelt empfangen werden. Es ist interessant zu wissen, daß Kristalle in den letzten Jahren zu populären New Age-Spielzeugen geworden sind und von Händlern von Produkten für magische Rituale aufgrund ihrer energetisierenden Eigenschaften vielfach verkauft werden. Kristalle wurden bereits von den alten Gelehrten für ihre magischen Handlungen und zur Beeinflussung der Psyche verwendet und waren auch den Hexen, Zauberern und Magiern alter Zeiten bekannt, die sie für Prophezeiungen und die Kontaktaufnahme mit den Geistern benutzten.

Der Vorgang der Aneignung psychischer Kräfte durch Kerzenmagie steht unter der Herrschaft des Erzengels Asariel, der der planetarische Regent des Neptun ist. Dieser Planet wird in der Astrologie und Mythologie mit der geheimen Welt der Träume, Fantasien und dem Unterbewußtsein assoziiert. Asariel ist auch der Herrscher des Tierkreiszeichens Fische. Ein Charakteristikum von Fische-Geborenen ist eine verträumte, mystische Natur, die oft mit latenten PSI-Fähigkeiten einhergeht.

Psychische Fähigkeiten entwickeln

Wenn man seine psychische Aufnahmefähigkeit durch Kerzenmagie entwickeln will, wählt man eine Nacht, in der der Mond zunimmt – am besten ein bis zwei Tage vor Vollmond. Zu dieser Zeit sind die psychischen Strömungen am stärksten, und der Kontakt mit den astralen Reichen kann leichter hergestellt werden.

Wählen Sie sich einen gut gelüfteten Raum – wenn möglich mit einem Fenster, von wo aus man den Mondaufgang sehen kann. Kunstvolle Gewänder sind nicht wirklich notwendig. Sie beeindrucken niemanden, zuallerletzt die Götter, die das alles schon einmal gesehen haben! Sie sollten lieber ein einfaches Schwarzes oder Weißes in Kaftanform tragen. Wenn Sie nicht über solche Kleidung verfügen, ziehen Sie sich wie gewohnt an, auf jeden Fall sollte die Kleidung bequem sein.

Aus Ihrem Vorrat werden neun Kerzen ausgewählt, da das die lunare Zahl ist, die die drei Phasen des Mondes repräsentiert (zunehmend, voll und abnehmend), die mit sich selbst multipliziert wird. Dreizehn ist eine weitere mit dem lunaren Zyklus assoziierte magische Zahl, da es dreizehn Monate oder Monde im heidnischen Jahr gibt. Weil es eine der mystischen Zahlen war, die von Praktizierenden der Alten Religion verwendet wurden, wurde die Dreizehn irgendwie zu einer »unglücklichen« oder sogar »bösen« Zahl. Die Neun taucht auch in vielen Volksritualen und jahreszeitlichen Bräuchen auf, was einen direkten Bezug zu ihrer alten Bedeutung als Zahl, die mit der Verehrung der Mondgöttin verbunden ist, darstellt. Aberglaube wie dieser überlebt oft in der Volkstradition, weil er sich auf einen halb vergessenen Aspekt der magischen Künste oder heidnischen Glaubensbekenntnisse bezieht, die vom Volk falsch interpretiert wurden.

Die neun Kerzen sollten angezündet werden, und mindestens eine muß vor uns auf einem Tisch plaziert werden. Dahinter stellt man einen Spiegel, um das Licht zu reflektieren. Sie sitzen ruhig da, sehen in die Flamme und atmen dabei langsam und regelmäßig. Man sollte dabei im Rhythmus »eins, zwei, drei« beim Einatmen und »vier, fünf, sechs, sieben« beim Ausatmen zählen. Nach einer Weile wird diese Atemübung zu einem zweiten Ich, und man muß nicht mehr im Kopf mitzählen. Dieses Mitzählen hilft, den Geist zu beruhigen, und kann auch zu Meditationszwecken verwendet werden.

Wenn man völlig ruhig und entspannt ist, ruft man den Erzengel Asariel mit folgenden Worten an:

Erzengel Asariel, ziehe in dieser Nacht, in der der Mond hoch am Himmel steht, den Schleier beiseite, der das Wirkliche vom Unwirklichen trennt.

*Laß mich über die Tore dieser Welt hinaus in das astra-
le Reich blicken; öffne mein inneres Auge und laß mich
auf das Unbekannte schauen, welches dein geheimes
Land ist.*

Bewegen Sie die einzelne Kerze zur Seite und schauen
Sie weiterhin in den Spiegel. Nach einigen Minuten der
Konzentration könnten darin Veränderungen auftauchen. Die Spiegeloberfläche könnte plötzlich voller
Wolken sein, oder es sind farbige Lichter zu sehen, die
darin schweben. In einigen Fällen sieht man helle, blit-
zende Lichter oder wirbelnde Energiebündel. Mit einiger Erfahrung sollten schließlich Symbole oder Bilder im Spiegel erscheinen, die eine okkulte Bedeutung
haben.

Sehen Sie niemals zu lange in den Spiegel, und widerstehen Sie dem Drang, sich in der astralen Welt zu verlieren. Erinnern Sie sich an Alice im Wunderland, die
durch den Spiegel ging? Lewis Carroll wußte einiges
über »geheime Dinge«, und in seinen bezaubernden Fa-
beln für Kinder sind einige Körnchen okkulter Wahrheit verborgen. Unglücklicherweise finden viele, die das
astrale Reich erforschen, es aufregender als die irdische
Ebene und werden zu »Gefangenen des Feenlandes«.

Bei jeder Arbeit, bei der die Psyche eine Rolle spielt,
können violette und/oder silberne Kerzen verwendet
werden, weil sie Einflüsse der Anderswelt anziehen. Die
oben beschriebene Spiegeltechnik kann auch für Weis-
sagungen oder Zukunftsvoraussagen verwendet werden,
wenn der Praktizierende aus den Symbolen oder Visionen, die im Spiegel zu sehen sind, Omen und Vorzeichen
deutet. Um erfolgreich arbeiten zu können, sollte zum

Wahrsagen eine Kristallkugel verwendet werden. Am erfolgreichsten ist die Arbeit, wenn der Mond in einem Zeichen der Wasser-Trinität des Tierkreises steht: Krebs, Fische oder Skorpion. Im praktischen Okkultismus ist Wasser ein Symbol für »geistige Dinge« oder astrales Licht, welches Schwingungen und magische Energie mit sich trägt.

Kerzen- und Spiegelmagie können auch kombiniert werden, um in dem zu lesen, was Okkultisten die Akasha-Chronik nennen. Das Wort *akasha* kommt aus dem Osten und bedeutet »die Essenz des astralen Lichtes«. Wenn der Magier sich in die Akasha-Chronik einstimmen kann, kann er zum Beispiel die Details vergangener Leben entdecken. Das Ausmaß der Information, das man aus dieser Quelle ziehen kann, hängt von der persönlichen Entwicklung des Suchenden ab. Gewöhnlich wird man nur herausfinden, was für das gegenwärtige Leben und Karma relevant ist. Forschung in vergangenen Leben kann eine ausfüllende Beschäftigung sein, aber sie darf nie zur Besessenheit werden. Unersättliche Neugier in bezug auf Erfahrungen aus vergangenen Leben kann sich negativ auswirken und sollte vermieden werden.

Ein Ritual zur Konsultation der Akasha-Chronik sollte durchgeführt werden, wenn der Mond im Steinbock steht (regiert von Saturn), und die Anrufung sollte sich an den Erzengel Cassiel richten, Herr der Zeit und des Karma. Eine schwarze Kerze wird angezündet, und der Magus bittet den planetarischen Engel des Saturn, die erforderliche Information aus der Akasha-Chronik zu offenbaren. Es kann sein, daß der Magier in seinem gegenwärtigen Leben Probleme hat, von denen anzunehmen ist, daß sie karmischen Ursprungs sind und auf eine frühere Erfahrung zurückgehen, und die Chronik kann konsultiert werden, um zu versuchen, die Situation zu lösen. Nachdem die Kerze entzündet und Cassiel angerufen wurde, schaut der Praktizierende in den Spiegel und stellt sich ein riesiges altes Buch vor, dessen Seiten sich langsam umblättern. Auf diesen Seiten werden die Worte oder Bilder stehen, die sich auf die Anfrage beziehen. Diese Art von Ritual sollte niemals oberflächlich durchgeführt werden, nur mit ernsthafter Absicht.

Einige Menschen – wie beispielsweise Spiritisten – können die Entwicklung von PSI-Kräften ohne die Verwendung von Hilfsmitteln wie Kerzen, Spiegeln oder Anrufungen der planetarischen Engel während des Rituals erreichen. Ihre Methoden haben offenbar genauso ihre Berechtigung, obwohl sie vielleicht ein wenig länger dauern. Durch die Anwendung von Ritualen und mit Hilfe der kosmischen Kräfte, die durch Götter oder Engel personifiziert sind, die das Universum regieren, vergrößert der Suchende die Wirksamkeit der Willenskraft. Ergebnisse werden daher schneller sichtbar, und sie sind offensichtlicher.

Wenn ein Krieger auszieht, um Wahrheit und Gerechtigkeit in der Schlacht zu verteidigen, ist es nur vernünftig, daß er alle Waffen in seinem Arsenal benutzt, um den endgültigen Sieg zu erringen. Ähnlich wird der weise Mensch, der Magier – der ein spiritueller Krieger ist –, all seine Begabungen und Weisheit nutzen, um das gewünschte Ziel zu erreichen und den Sieg über die launischen Umstände des Lebens zu erringen.

9. Kapitel

DIE MYSTISCHE NOVENE

*E*s heißt, Kunst imitiere das Leben, aber man könnte auch sagen, Religion imitiert die Magie. Tatsächlich sind die magischen Künste die älteren der beiden, denn in alten Zeiten wurden die Zelebrierenden der offiziellen Religion jeder Kultur auch als »Priestermagier« anerkannt. Einige Aufgaben der Priestermagier wurden von den Priestern der christlichen Religionen übernommen. In der frühen Periode des dualen Glaubens hatten Kirchen oft Zwillingsaltäre, von denen einer dem neuen Gott gewidmet und der andere zur Verehrung der heidnischen Gottheit reserviert war. Der Priester zelebrierte jeden Sonntag die Kommunion, aber er tanzte auch bei Vollmond mit den Bauern in den Wäldern und feierte die alten Bräuche. Sogar als die Christen schließlich die heidnischen Praktiken für ungesetzlich erklärten, wurden sie dennoch von den Lehren der heidnischen Religionen inspiriert und beeinflußt. So ist beispielsweise die heilige Messe mit ihrem ausdrucksstarken Opfer- und Umwandlungsritual ein kraftvoller magischer Vorgang, wenn sie von jemandem gehalten wird, der seine okkulte Bedeutung versteht.

Wenn wir uns diese Tatsache vor Augen halten, wird es uns auch nicht verwundern, daß die ausdrucksvollsten Rituale der Kerzenmagie von Anhängern der römisch-katholischen Kirche praktiziert werden. Diese Andacht nennt man eine »Novene«, die der Duden als »Andacht an neun aufeinanderfolgenden Tagen« definiert (wieder die lunare Zahl Neun!). Obwohl die Novene heute im allgemeinen mit dem Christentum assoziiert wird, liegen ihre Ursprünge in den magischen Riten heidnischer Zeiten.

Hohe Konzentration ist der Schlüssel zu jedem erfolgreichen magischen Ritual, das außerdem Hingabe, Disziplin und harte Arbeit erfordert. Man wird mit dem Ergebnis nicht zufrieden sein, wenn man nur mit der Magie spielt. Dies kann man sehr gut während mystischen Novenen üben, denn der Ausübende muß sich über einen langen Zeitraum in magischer Arbeit engagieren, die Anrufungen und rituelle Handlungen einschließt. Diese ständige Wiederholung eines auf ein gewünschtes Endergebnis abgestimmten Rituals wird die eigenen Kräfte schließlich mobilisieren.

Meine Lehrerin in Magie veranschaulichte mir die Wichtigkeit der Novene für die Magie durch folgende Allegorie: Sie sagte, ich solle mir einen Handwerker vorstellen, der nur mit einem kleinen Hammer ausgerüstet ist und eine hohe, dicke Mauer abreißen will. Er hämmert drauflos, auf die Schlüsselpunkte in der Wand, und mit der Zeit tauchen Risse auf. Diese Risse vergrößern sich, und schließlich wird die Wand schwächer und bricht unter den Schlägen des Hammers zusammen. Magie durch eine Novene arbeitet nach demselben Prinzip. Über eine längere Zeitspanne wird Energie erzeugt, die an den Hindernissen wirkt, die dem Erfolg entgegenstehen. Schließlich werden diese Hindernisse immer weniger und verschwinden durch die Energiequelle, die durch konzentrierte Anstrengung über eine lange Zeit wirkt, schließlich ganz.

Vigilien, Fürbitten und ununterbrochene Gebetssitzungen als Ausdruck religiöser Hingabe gibt es in fast allen großen Weltreligionen. In der katholischen Kirche werden Kerzen für die Heiligen und die Jungfrau Maria entzündet (die neuen Versionen der alten heidnischen Gottheiten), und die Gläubigen knien stundenlang im Gebet nieder und bitten darum, daß ihrem Ersuchen entsprochen wird. In buddhistischen Tempeln wird ein speziell entworfenes Instrument, bekannt als Gebetsmühle, zum Zwecke der Fürbitte benutzt. Es besteht aus einer ausgehöhlten Trommel, die sich um einen hölzernen Schaft dreht. In meiner persönlichen Ausführung ist die Trommel an einem hölzernen Ball am Ende eines Kettenstücks befestigt. Einmal durch Drehen in Bewegung gesetzt, bewirkt der wirbelnde Ball, daß sich die Trommel durch die kleinste Bewegung des Handgelenkes dreht. In der Trommel befindet sich eine fest zusammengefaltete Rolle Pergament, auf der Hunderte von Gebeten geschrieben stehen.

In der westlichen Welt ersetzt der praktizierende Okkultist, die Hexe oder der Magier die Heiligen entweder durch die planetarischen Engel oder einen ausgewählten heidnischen Gott. Das kann ein keltischer, skandinavischer, ägyptischer, babylonischer, hinduistischer, uramerikanischer oder welcher auch immer sein — dabei spielen nur der persönliche Geschmack und der Kulturkreis, aus dem man stammt, eine Rolle, denn die Engelwesen und die heidnischen Götter sind symbolische Bilder kosmischer Kräfte, die in archetypische Gestalten gekleidet wurden. Viele der christlichen Heiligen sind oft alte heidnische Götter, die übernommen wurden, als die frühe Kirche das Heidentum verbot.

Wir haben zuvor erfahren, daß der strenggläubige Katholik zu den Heiligen betet, die Engel jedoch ignoriert; dies führt zu dem entscheidenden Versäumnis, das die traditionellen Kräfte der Novene, Ergebnisse zu schaffen, schwächt. Alter magischer Lehre zufolge hat jede Tag- und Nachtstunde einen beherrschenden Engel, dessen planetarischer Einfluß dann stärker als zu anderen Zeiten ist. Zu welchen bestimmten Stunden welcher Engel herrscht, ist nachfolgend angegeben.

00.00–01.00 Uhr: *Sachiel*

01.00–02.00 Uhr: *Anael*

02.00–03.00 Uhr: *Uriel*

03.00–04.00 Uhr: *Cassiel*

04.00–05.00 Uhr: *Michael*

05.00–06.00 Uhr: *Gabriel*

06.00–07.00 Uhr: *Samuel*

07.00–08.00 Uhr: *Raphael*

08.00–09.00 Uhr: *Sachiel*

09.00–10.00 Uhr: *Anael*

10.00–11.00 Uhr: *Uriel*

11.00–12.00 Uhr: *Cassiel*

12.00–13.00 Uhr: *Michael*

13.00–14.00 Uhr: *Gabriel*

14.00–15.00 Uhr: *Samuel*

15.00–16.00 Uhr: *Raphael*

16.00–17.00 Uhr: *Sachiel*

17.00–18.00 Uhr: *Anael*

18.00–19.00 Uhr: *Uriel*

19.00–20.00 Uhr: *Cassiel*

20.00–21.00 Uhr: *Michael*

21.00–22.00 Uhr: *Gabriel*

22.00–23.00 Uhr: *Samuel*

23.00–00.00 Uhr: *Raphael*

Als ich in die Geheimnisse der mystischen Novene eingeweiht wurde, erklärte sie mir meine Lehrerin als ein sich
drehendes Rad – das Rad des Schicksals, wie es in der
Großen Arkana der Tarotkarten dargestellt ist –, das das
magische Fahrzeug antreibt, das unsere Wünsche ent-
hält. Es ist das Rad des Wagens (eine weitere Tarotkarte), das die Kraft des Willens symbolisiert, die den Geist
dazu bewegt, ein bestimmtes Resultat zu erreichen. Es
ist eine Energie, die manchmal mit dem Engel Samuel
assoziiert wird und astrologisch durch die planetarische
Kraft des ersten Tierkreiszeichens, des Widders, repräsentiert wird.

Jeder Tag ist der erste Tag vom Rest unseres Lebens,
aber der Tag, an dem wir die erste Kerze unserer mystischen Novene entzünden, ist wirklich ein besonderer. Es
ist der Tag, an dem man den Schwerlastzug der Magie
in Bewegung setzt, der letzten Endes das bewerkstelli-
gen wird, was man sich wünscht. Wenn man an einer
Novene teilnimmt, ruft man nicht nur einen der planetarischen Engel an, sondern die geballte Kraft der gesamten Engelsschar. Es ist ihre Kraft, durch die die
schwachen Kräfte freigesetzt werden, die gesandt wurden, um uns bei diesem wichtigen magischen Ritual zu
helfen.

Bevor man mit der Novene beginnt, muß man zuerst
sicherstellen, daß man einen großen Kerzenvorrat in den
passenden, zweckdienlichen und den Planeten zugehörigen Farben besitzt. Nachtlichter oder geweihte Kerzen
sind ideal, aber Schwimmkerzen, die in kleinen Schalen
mit Öl schwimmen, sind ebenfalls zu gebrauchen. Die

Schalen sollten aus dickem, feuerfestem Glas sein und verschiedene Farben haben, die die Planeten repräsentieren, die von den Erzengeln regiert werden.

Die Entdeckung des eigenen beherrschenden Engels

Bevor man bereit ist, mit der mystischen Novene zu beginnen, muß man herausfinden, wer der persönliche »beherrschende Engel« ist. Dies ist nicht der Schutzengel, von dem in einem späteren Kapitel die Rede sein wird, sondern der Erzengel, der das Tierkreiszeichen regiert, unter dem wir geboren wurden. (Leser, die bezüglich ihres beherrschenden Engels im Zweifel sind, sollten sich in den Kapiteln drei und vier informieren, welche sich um die Erzengel, ihre planetarische Regentschaft und die Tierkreiszeichen in der Astrologie drehen.)

Wenn man den persönlichen beherrschenden Engel herausgefunden hat, sollte man an seinem Tag und pünktlich mit der ersten Minute seiner Stunde (wie in der vorher erwähnten Liste angegeben) mit der Novene beginnen, indem man die erste Kerze entzündet. Die Novene sollte am gleichen Tag enden und in der letzten Minute seiner Stunde wieder abgeschlossen werden. Wenn die erste Kerze entzündet ist, wendet man sich wie folgt an seinen beherrschenden Engel:

O Erzengel ... (Namen einsetzen), ich entzünde diese heilige Flamme als ersten Akt meiner Bitte an die Engelshierarchie, die, so hoffe ich, mein Ersuchen wohlwollend behandeln wird.

Diese mystische Novene wird als Symbol meiner Ab-
sicht und mit der Hoffnung gehalten, daß meine Bitte
beantwortet wird.
Wie es ist, so soll es sein.

Wenn man beschließt, die Novene zu halten, nutzt man
sie, um sich lediglich einen Wunsch zu erfüllen. Es ist
ein magisches Ritual, das nicht für eine Vielzahl an
Wünschen da ist, weder ist es dazu gedacht, sich mit
geringfügigen Problemen zu befassen. Die mystische
Novene sollte das letzte Mittel sein und nur in Notfällen
benützt werden, wenn jedes andere Mittel ins Auge ge-
faßt und ausgeschöpft wurde. Erwarten Sie keinen um-
gehenden Erfolg; es braucht Zeit, bis die Kräfte wirken,
und manchmal wird es einen vollen lunaren Zyklus
dauern (ungefähr 28 Tage), bevor irgendwelche Ergebnisse zu erkennen sind.

Die mystische Novene halten

Während der eigentlichen Novene müssen die Kerzen
möglichst die ganze Zeit über brennen. Idealerweise
sollte das Ritual während eines magischen Zeitraumes
von neun Tagen durchgeführt werden, aber dies kann
unpraktisch sein. Alternativ dazu kann die Novene daher über einen Zeitraum von 24 Stunden gehalten werden. Um zu illustrieren, wie die Novene in der Praxis
tatsächlich funktioniert, werden wir uns vorstellen, daß
eine Studentin sich wünscht, eine wichtige Prüfung zu
bestehen, deren Ausgang ihr zukünftiges Karriereglück
beeinflussen wird.

Die Studentin ist Löwe, dessen astrologisches Zeichen von der Sonne regiert wird. Ihr beherrschender Engel ist daher der Erzengel Michael, und er wird mit der vorbereitenden Bitte angerufen, die zuvor beschrieben wurde. Für die 24-Stunden-Novene zündet die Studentin die erste orangefarbene oder goldene Kerze um 4.01 Uhr an einem Sonntag an. Um 7.01 Uhr ruft sie den Erzengel Raphael, der die betreffende Sache regiert, und zündet eine gelbe Kerze an:

Erzengel Raphael, Herr der Weisheit, ich suche deine Hilfe in Zeiten, in denen ich sie dringend brauche. Gewähre mir die Kraft deines quecksilbrigen Geistes, deine goldene Erinnerung und deine geflügelte Feder, damit ich meine Prüfung am ... (Datum einsetzen) erfolgreich bestehen kann.
Gewähre mir, Raphael, Herr der Bücher, Intelligenz und Verständnis, auf daß ich über jede Übermacht triumphieren und erfolgreich sein möge.

Wenn die nächste Stunde schlägt, wird die planetarische Herrschaft an den Erzengel Sachiel weitergegeben, und die Studentin sagt:

Erzengel Sachiel, Engel dieser Stunde, unterstütze mich bei meiner Aufgabe und verleihe meinem Ziel deine Kraft.

Dieser Prozeß wird über den Tag stündlich mit jedem Engel wiederholt, und um 15.00 Uhr und 23.00 Uhr wird die Anrufung von Raphael wiederholt. Wenn man 24 Stunden ohne Schlaf nicht aushalten kann, stellt man

nachts einen Wecker, der Sie für jede Anrufung auf-
weckt.

Erinnern Sie sich, daß während der mystischen Novene die ganze Zeit eine Kerze brennen muß? Einige Magier benützen sieben Kerzen oder Lichter, die die planetarischen Engel darstellen, oder eine geweihte Kerze
wird zusätzlich zu denjenigen verwendet, die angezündet sind, um den beherrschenden Engel und den Erzengel anzurufen, der für die Belange zuständig ist, um
die man bittet. Man muß sich jedoch die ganze Zeit um
die Kerzen kümmern und dafür sorgen, daß keine während des Rituals ausgeht.

10. Kapitel

DEN PERSÖNLICHEN SCHUTZENGEL
KONTAKTIEREN

*W*ie schon erwähnt, haben viele Aspekte der Kerzenmagie ihre Ursprünge in alten Überlieferungen. Viele davon reichen Tausende von Jahren bis zu der Zeit zurück, als die frühe Menschheit in direktem Kontakt mit den planetarischen Göttern oder Erzengeln stand. Das kollektive Unbewußte des Menschen erinnert sich an diesen Zeitraum und nennt es das Goldene Zeitalter, da Frieden und Harmonie auf Erden herrschten. In jüdisch-christlichen Mythen wird diese Stufe unserer Evolution durch die Legende vom Garten Eden dargestellt. Der göttliche Garten oder das irdische Paradies ist ein Mythos, der allen religiösen Glaubenssystemen gemeinsam ist. Tatsächlich hatten die Hebräer viele Details der Geschichte vom Garten Eden den Schöpfungsmythen der Babylonier und Sumerer entnommen.

Dieser perfekte Zustand, als die Götter auf Erden wandelten, so glauben viele Okkultisten, herrschte in den Anfängen der Geschichte, als die frühesten Menschen, die in der biblischen Darstellung als Adam und Eva bezeichnet werden, von Gott mit dem göttlichen Funken beseelt wurden. Während des urzeitlichen Goldenen Zeitalters, heißt es, besaß die Menschheit telepathische Kräfte, konnte die Sprache der Tiere sprechen und war in Kontakt mit anderen Welten. Dies wird in allegorischer Form in den biblischen Geschichten veranschaulicht, als beispielsweise Gott durch den Garten Eden wanderte, und die sogenannten gefallenen Engel sich mit den Töchtern der Menschen vereinigten.

Verlust der Gnade Gottes

Laut alter okkulter Tradition wurde das esoterische Wissen, das die Priesterschaft der ersten Zivilisationen der sich entwickelnden Menschheit auf den untergegangenen Kontinenten Lemuria und Atlantis besaß, mißbraucht. Dies ist der wahre Hintergrund der Geschichte von der »Versuchung« im Garten Eden, als Adam und Eva die verbotene Frucht vom Baum des Wissens aßen. Als Folge dieser »Sünde« wurde das erste Paar vom »Engel mit dem Flammenschwert« aus dem Paradies vertrieben, der manchmal als Samuel identifiziert wird. Eine Variation dieser Urgeschichte ist auch im frühen Schamanismus zu finden, wo die jüdisch-christliche Ursünde als die Große Trennung bekannt ist, die das Goldene Zeitalter zu einem abrupten Ende brachte. Seit dieser Zeit hat die Menschheit stets danach gestrebt, den utopischen Zustand der Unschuld, der einst auf Erden existierte und der in den Mythen der Weltreligionen verarbeitet ist, wiederherzustellen.

Dieselbe Aussage findet sich in dem hebräischen Mythos über den Krieg im Himmel. In dieser Allegorie rebelliert der Erzengel Lumiel, der Erstgeborene der Schöpfung, gegen den göttlichen Plan. Er wird vom Erzengel Michael in der Schlacht geschlagen und dazu verdammt, den Titel *Rex Mundi* oder »Herr der Welt« anzunehmen. Vorher war Lumiel oder Luzifer der Son-

nenengel, und sein Platz wurde nun von Michael einge-
nommen. In der okkulten Tradition wird der Fall von
Lumiel als größtes Opfer betrachtet – dadurch wurde es
überhaupt der Menschheit erlaubt, sich weiterzuent-
wickeln. Die menschliche Rasse kann in dem Maße, wie
sie sich spirituell fortbildet, dem gefallenen Erzengel
helfen, seinen rechtmäßigen Platz in der Schöpfung zu-
rückzugewinnen.

An dieser Stelle sollte nicht vergessen werden, daß solche symbolischen Metaphern dem Christentum und
dem dualistischen Glauben des Satanismus, der eine
Ketzerei des Christentums ist, vorausgehen. Dieser Dualismus entspringt der manichäischen Ketzerei, die wiederum aus der persischen Religion des Zoroastrismus
übernommen wurde, die glaubt, daß das Universum ge-
meinschaftlich von den Kräften der Dunkelheit und der
Macht des Lichtes regiert wird, die ewig um die Vor-
herrschaft kämpfen. Aus diesem Glauben entstand der
Mythos des Teufels, der von der frühen Kirche erschaffen wurde, um die mittelalterlichen Bauern durch Angst
dazu zu bewegen, ihre heidnische Verehrung des alten
Gehörnten Gottes der Fruchtbarkeit aufzugeben.

Als Folge des Sündenfalls und des Krieges im Himmel
inkarnierte sich die Menschheit, wie wir sie kennen,
zum erstenmal voll in physischen Körpern auf der materiellen Ebene und entwickelte die geschlechtlichen
Charakteristika des Männlichen und Weiblichen. An einem Punkt unserer Evolution lebten die Menschen in
einem Zustand der Einheit mit der Schöpfung, und als
nächstes »verfielen« sie in groben Materialismus.

Was haben diese alten Mythen mit Kerzenmagie und
dem Konzept der Schutzengel zu tun? Sie bestätigen die

Tatsache, daß das Abbrennen von Kerzen für okkulte Zwecke eine der ältesten Künste ist, die von der Menschheit praktiziert werden. Die Mythen weisen auch darauf hin, daß Kerzenmagie von dem engagierten Studenten benutzt werden kann, um die verlorene Kommunikation mit den Geistern wieder herzustellen und den Kontakt mit dem Reich der Engel aufzunehmen.

Ihr beherrschender Engel

Bevor ich erkläre, wie man mit dem Schutzengel Kontakt aufnimmt, werden wir den Unterschied zwischen ihm und dem beherrschenden Engel, der im letzten Kapitel über die mystische Novene beschrieben wurde, genauer betrachten.

Wie wir bereits wissen, findet man seinen beherrschenden Engel heraus, indem man sein Tierkreiszeichen nachschlägt, dessen herrschenden Planeten herausfindet und dabei erfährt, welcher Erzengel diesem Planeten zugeordnet ist. Was bedeutet dies für die magische Lehre? Grundsätzlich bedeutet es, daß all jene, die unter einem bestimmten astrologischen Sonnenzeichen geboren sind, in Einklang mit der Schwingung ihrer herrschenden planetarischen Energie sind. Dieser Einfluß wird sich in den Lebensläufen all jener, die dieses Geburtszeichen teilen, stark herausbilden. Man kann den einfachen Ritualen der Kerzenmagie zusätzliche Kraft geben, indem man seinen beherrschenden Engel anruft, was wir gesehen haben, als wir die Novene hielten.

Der beherrschende Engel kann angerufen werden, bevor man mit irgendeinem der Rituale der Kerzenmagie beginnt. Nachfolgend wird ein Vorschlag zur Formulierung gemacht. Um das ganze zu illustrieren, nehmen wir wieder an, daß die Studentin die Sonne im Zeichen des Löwen stehen hat, daher wird der gegenwärtige Sonnenengel Michael angerufen.

Mächtiger Erzengel Michael, Herr der Sonne, ich, ... (eigenen Namen einsetzen), rufe dich. Unterstütze mich, Michael, bei dem Großen Werk, und gewähre meinen Bemühungen durch die Kraft des ewigen Lichtes einen erfolgreichen Ausgang.

Ihr Schutzengel

Ein Schutzengel ist viel personengebundener als ein beherrschender Engel, welcher — wie sehr in Übereinstimmung mit seiner Schwingung man sich auch fühlen mag — mit all den anderen Millionen von Menschen in der ganzen Welt geteilt wird, die im gleichen astrologischen Monat geboren wurden. Ein Schutzengel ist einmalig und wird von vielen Okkultisten als das *Höhere Selbst* gesehen. In Legenden und im Volkstum heißt es, daß der Schutzengel seit dem Augenblick der Geburt bei uns ist und sich während der gesamten Lebenszeit als beschützender Geist um uns kümmert. Ähnlichkeiten zwischen den Schutzengeln und den Geistführern bei den Spiritisten wurden ebenfalls festgestellt.

Der Glaube an die Existenz von Schutzengeln ist sehr alt und weltweit in vielen Religionen und Kulturen zu finden. Zum Beispiel glaubten die Römer an ein Wesen, das als *genius* bekannt war und nicht nur seinen menschlichen Gefährten vor dem Bösen schützte, sondern ihn auch mit den kreativen Geschenken der Musen inspirierte. Im klassischen Griechenland war der *genius* bekannt als *daemon* (nicht zu verwechseln mit dem jüdisch-christlichen Dämon oder »kleinen Teufel«), von dem es hieß, er helfe Schreibern, Künstlern und Poeten und inspiriere sie bei ihrer kreativen Arbeit.

Bei der frühen Kirche war die Idee der Schutzengel natürlich heidnischen Ursprungs. Ihre dualistische Auffassung war, daß jeder Mensch über einen hellen Engel des Lichtes verfüge, der ihn auf den rechten Pfad führe, und einen dunklen Engel, der als Verführer agiere. Nach islamischem Glauben werden wir von zwei Engeln am Tage beschützt und von zweien bei Nacht. Diese Wesen zeichnen auch unsere Taten auf, damit sie für die letzte Abrechnung am Jüngsten Tag abgerufen werden können.

Soviel zu den Mythen, bei denen Schutzengel eine Rolle spielen. Wie stellt man nun tatsächlich Kontakt mit dem eigenen Schutzengel her? Das vorhergehende Kapitel über Wahrsagen mit der Kristallkugel beschrieb, wie man einen Spiegel verwendet, um psychische Visionen hervorzurufen. Der Spiegel spielt in dem Ritual zur Kontaktaufnahme mit dem Schutzengel wieder die Hauptrolle, aber in diesem Fall ist es ein besonderer Spiegel, der extra zur Kommunikation mit Ihrem Schutzengel, Geistführer oder Höheren Selbst hergestellt wurde.

Herstellung des magischen Spiegels

Der magische Spiegel, der verwendet wird, um die Engelskräfte zu kontaktieren, sollte hergestellt werden, wenn der Mond zunimmt, am besten an einem Mittwoch, und während einer der planetarischen Stunden, die vom Erzengel Raphael (Merkur) regiert werden. Der Grund dafür liegt darin, daß die »Versilberung« auf Spiegeln, die ihnen ihre reflektierende Eigenschaft gibt, gewöhnlich aus Quecksilber hergestellt ist. Dies ist das heilige Metall der planetarischen Sphäre des Merkur, die vom Herrn Raphael regiert wird.

Der magische Spiegel kann aus einem runden, konkaven Stück Glas hergestellt werden. Ein Überzug aus schwarzer Farbe wird verwendet, um die Rückseite des Glases zu bedecken (die konvexe Seite). Tragen Sie einige Schichten ziemlich dick, aber gleichmäßig auf der ganzen Oberfläche auf. Der fertige Spiegel kann dann auf einer quadratischen Hartfaserplatte befestigt und in einen stabilen Bilderrahmen gespannt werden. Die Umgebung wird nach Geschmack bemalt und dekoriert.

Den Spiegel weihen

Bevor der Spiegel benutzt wird, sollte er für die vor ihm liegende Aufgabe geweiht werden. Dies geschieht, indem man drei Teelöffel Salz in eine kleine Schale frisches Wasser gibt (Quellwasser ist am besten, aber wenn es nicht zur Hand ist, genügt Leitungswasser) und das Folgende rezitiert:

*Im Namen der planetarischen Engel und des Großen
Geistes segne, reinige und kläre ich, ... (Namen einsetzen), psychisch dieses Wasser für die Aufgabe, die ich
heute vorbereite.*

Während man diese Worte spricht, schlägt man mit der
Hand ein imaginäres Pentagramm oder einen fünfzak-
kigen Stern über der Schale Wasser. Während dieser
Handlung visualisiert man sich das Pentagramm glü-
hend mit blauem Licht, das das Wasser erfüllt. (Dieses
gesegnete Wasser kann auch zu Reinigungszwecken im
vorher beschriebenen Exorzismus-Ritual verwendet
werden.)

Wenn man das Ritual des Segnens des Wassers abgeschlossen hat, nimmt man ein jungfräuliches Tuch zur
Hand, taucht es in die Wasserschale und wischt damit
die Oberfläche des Spiegels ab. Man trocknet ihn vollständig mit einem anderen, neuen Tuch und wirft dann
beide weg. Bevor man den Spiegel benutzt, stellt man
ihn drei Nächte vor Vollmond so hin, daß er die lunaren
Strahlen reflektieren kann.

Der Spiegel ist jetzt »aufgeladen« und bereit für seine
eigentliche Verwendung, der Kontaktaufnahme mit Ihrem Schutzengel.

Den Schutzengel kontaktieren

Zünden Sie an dem Ort, den Sie für das Ritual ausgewählt haben – sei es Ihr Tempel, Arbeitszimmer oder
ein möbliertes Zimmer –, eine weiße oder silberne Kerze
an. Weiß wird deshalb verwendet, weil es eine reine

Schwingung hat, die höhere Kräfte anzieht. Auch Silber ist eine mit psychischen Kräften und astralen Energien verbundene Farbe.

Während man die Kerze anzündet, spricht man folgende Worte laut:

Bei der Kraft der planetarischen Engel, laßt diesen Ort vor allen negativen Gedanken und Einflüssen geschützt sein.

Gewährt dem Studenten der Alten Mysterien und der Großen Kunst der Magie, der hier steht, an diesem Tag Kontaktaufnahme mit seinem/ihrem Schutzengel, im Namen des Großen Geistes, dem kosmischen Schöpfer des Universums.

Plazieren Sie den magischen Spiegel so vor sich auf dem Altar, dem Schreibtisch oder der Tischplatte, daß Sie ohne Anstrengung hineinschauen können. Das elektrische Licht sollte ausgeschaltet sein, so daß der Raum nur von dieser einzelnen Kerze erleuchtet wird. Schauen Sie in den Spiegel, wie es im vorigen Kapitel über psychische Entwicklung beschrieben ist. Atmen Sie regelmäßig und langsam ein und aus, und schauen Sie Ihr eigenes Spiegelbild an. Wenn Sie können, sehen Sie durch Ihr eigenes Spiegelbild hindurch und darüber hinaus. Vielleicht erblicken Sie ein flackerndes, aurisches Licht, das um ihren Kopf flimmert, und aus einer oder mehreren Farben zusammengesetzt ist. Sie könnten sich auch einer oder mehrerer anderer Präsenzen im Raum bewußt sein. Sobald Sie sich müde fühlen, hören Sie für diesen Tag auf. Fahren Sie später oder an einem anderen Tag fort, wenn Sie sich wieder vollkommen erholt fühlen.

Mit Geduld werden Ihre Bemühungen schließlich belohnt werden. Ihr Bild im Spiegel kann sich verändern oder völlig verschwinden, um durch das Gesicht von jemandem ersetzt zu werden, den Sie nicht kennen, der jedoch vertraut erscheint. Vielleicht bewegen sich die Lippen dieser Person; Sie werden vielleicht seine Stimme in Ihrem Geist hören. Manchmal spricht der Geistführer oder Schutzengel, und die Worte werden laut im Raum zu hören sein. Sie können Ihrem neuen Gefährten jede Frage stellen, und zwischen Ihnen und der geistigen Welt kann Kontakt aufgenommen werden.

Wenn die Kommunikation mit dem Schutzengel oder Geisthelfer erst einmal klappt, ist es nicht immer nötig, den Spiegel zu benutzen; bestimmte Grundregeln sollten jedoch eingehalten werden, so daß Kontakt nur hergestellt wird, wenn Sie es wünschen. Es kann peinlich sein, wenn Ihr Führer plötzlich bei einem mit Menschen überfüllten Gesellschaftsereignis oder während einer Autofahrt im Berufsverkehr Kontakt herstellen will!

Wenn er nicht benutzt wird, sollte der magische Spiegel in ein Tuch eingewickelt sein (nicht aus künstlichem Material) und sicher in einer Schublade oder einem Schrank aufbewahrt werden, außer Reichweite von neugierigen Augen oder Fingern. Setzen Sie den Spiegel nicht dem Sonnenlicht aus, denn das neutralisiert seine Kräfte. Er kann jedoch jederzeit »wieder aufgeladen« werden, indem er den Strahlen des Vollmonds ausgesetzt wird, da Vollmondzeit die beste Voraussetzung für den Kontakt mit dem Schutzengel ist.

11. Kapitel

KERZEN IM MAGISCHEN KREIS

Die Leser, die sich in der Literatur über die Praxis der Magie im Mittelalter auskennen, wissen, wie wichtig der magische Kreis bei der magischen Arbeit ist. Unglücklicherweise waren die mittelalterlichen Magier oft Geistliche, die stark von den christlichen Doktrin beeinflußt waren. Die alten Grimoires oder »Grammatiken« magischer Theorie und Praxis beinhalten viele schauerliche, auf Effekthascherei bedachte Beispiele für magische Künste, wie sie im Mittelalter praktiziert wurden.

Unglücklicherweise wurde einiges von diesem Aberglauben in das 19. Jahrhundert übernommen, wo der Okkultismus eine neue Blüte erlebte, und wir finden dort sogar Magier, die den magischen Kreis mit Worten beschreiben, die offensichtlich von den bigotten Ideen der Kirche über die okkulten Wissenschaften negativ beeinflußt wurden. Ein klassisches Beispiel für diese negative Entwicklung ist der Okkultist Eliphas Levi, ein ehemaliger katholischer Priester, der den magischen Kreis folgendermaßen beschreibt: ein umgekehrtes Kreuz im Zentrum, umgeben vom Schädel eines gehängten Verbrechers, dem abgetrennten Kopf einer schwarzen Katze, den Hörnern einer geopferten Ziege und der Leiche einer mumifizierten Fledermaus!

Solch schrecklicher Unsinn hat in echter Magie oder

115

praktischem Okkultismus nichts zu suchen; es ist ein erstklassiges Beispiel dafür, wie die magischen Künste während der Jahrhunderte verfälscht wurden. Weil Magier und Hexen durch die Inquisition in den Untergrund gezwungen wurden, entstanden bezüglich ihrer Praktiken und ihres Glaubens allerlei Arten von kuriosen Theorien und Mißverständnissen. Diese gründeten – in Ermangelung genauer Kenntnis der Materie – auf Mutmaßungen. Es war vor allem Bewegungen des neunzehnten Jahrhunderts wie dem »Hermetischen Orden des Golden Dawn« und den modernen Bewegungen, die sich mit Okkultismus und heidnischen Bräuchen beschäftigen, zu verdanken, daß rituelle Magie und die Symbolik des magischen Kreises wieder annähernd das Gesicht bekamen, das sie anfangs hatten.

In der Praxis dient der magische Kreis einem doppelten Zweck: Er agiert als psychischer Behälter für die während des Rituals produzierte Energie und ist außerdem ein klar definierter »heiliger Ort«, in dem der Magus arbeiten und mit verschiedenen Kräften Kontakt aufnehmen kann. Idealerweise sollte es ein separater Raum sein, der nur für praktische okkulte und psychische Arbeit reserviert ist, aber meist steht so viel Platz nicht zur Verfügung. Deshalb stellt das rituelle Ziehen oder der Aufbau des magischen Kreises jedesmal, wenn man damit arbeitet, zeitweise einen Tempel zur Verfügung, der nach der Benutzung physisch demontiert werden kann. Nach okkulter Lehre umgibt der Kreis den Magier nicht nur in einem zweidimensionalen Sinn, sondern existiert auch dreidimensional, erstreckt sich über und unter ihm, um einen Bereich des psychischen und physischen Schutzes zu schaffen.

Die Kraft des Lichtes

Welche Rolle spielen Kerzen im magischen Kreis? Die frühen Menschen benutzten Feuer, um wilde Tiere zu vertreiben, und daher wurde es zu einem Symbol des Schutzes vor Gefahr. Im religiösen Glauben wurde Feuer zur Darstellung des kreativen Prinzips verwendet und ist ein Gegenstand der andächtigen Verehrung. Die »heilige Flamme« wurde als Symbol spiritueller Erleuchtung oder göttlichen Wissens betrachtet; und gewöhnliche Leute verehrten Göttinnen des Herdfeuers wie Brigid oder Vesta. Neun jungfräuliche Priesterinnen kümmerten sich um das heilige Feuer der Sonnengöttin Brigid in Kildare in Irland. Mit der Ankunft des Christentums wurden diese Priesterinnen zu Nonnen, die ihr Leben St. Bridget widmeten, und diese Praxis überlebte bis ins zwölfte Jahrhundert christlicher Zeitrechnung. Die Verwendung von Kerzen, Fackeln und Lampen im magischen Kreis rührt von diesem alten Glauben her, daß Feuer etwas Heiliges sei. Aus dieser Zeit stammt auch die mit dem Feuer zusammenhängende Symbolik und die magischen Rituale.

Zum Beispiel hob der Schamane in alten Zeiten einen kreisförmigen Graben um den Platz seines magischen Wirkens aus. Dieser war mit Reisig gefüllt, welches angezündet wurde. Indem sie auf symbolische Art diese rituelle Absichtserklärung abgaben, schufen die Schamanen eine magische und psychische Barriere zwischen sich selbst und jedem, der es wagte, das Ritual zu stören. Der Schamane grenzte auch bewußt ein heiliges Gebiet aus, einen »Platz zwischen den Welten«, wo spirituelle Kräfte angerufen und magische Energien gewebt werden konnten. Die symbolische Handlung des Webens von Magie war im Schamanismus und den okkulten Praktiken, die später aus ihm entstanden, eine kraftvolle Metapher. Man findet sie besonders in der traditionellen Hexenkunst. Dort ist das Erkennungsmerkmal für Mitglieder der Schwesternschaft eine Spindel, die die dreifache Göttin repräsentiert, welche das Netz aus Geschick und Schicksal webt, das die Menschheit an die materielle Ebene bindet.

Die Erzengel der Elemente

Wenn man sich außerdem vor psychischen Attacken schützen will, gehört zum Ziehen des magischen Kreises die Verwendung von vier Kerzen. Diese werden an den Vierteln oder vier Himmelsrichtungen plaziert, die die Erzengel der Elemente repräsentieren. Dies sind Michael (Feuer), dem Süden zugeordnet, dessen Farbe Gold oder Orange ist; Gabriel (Wasser), der den Westen regiert. Seine Farbe ist Blau; Uriel (Erde), der das nördliche Viertel regiert, dessen Farbe Braun oder Schwarz ist; und Raphael (Luft), der das östliche Viertel bewacht, und dem Gelb zugeordnet wird.

Die Bedeutung von Michael, Gabriel und Raphael für die Magie ist bereits bekannt. Uriel ist der planetarische Herrscher des weit entfernten Planeten Uranus, der erst im achtzehnten Jahrhundert entdeckt wurde, obwohl sein Einfluß auf Astrologie und Magie seit altersher bekannt war. In archetypischen Bildern wird der Engel des Uranus als Mann reifen Alters mit finsterem Gesicht abgebildet. Er hat langes, herabwallendes, silbernes Haar, violette Augen und trägt einen Umhang in funkelnden Regenbogenfarben. Auf seiner Stirn befindet sich das »Fernsehantennen«-Symbol des Planeten Uranus, wie wir es aus der Astrologie kennen.

Jeder Erzengel der Elemente wird von seinem persönlichen *magitellus* oder elementaren Diener in Form einer der Herrscher der elementaren Kräfte begleitet. (Obwohl traditionell männliche Titel für diese Wesen verwendet werden, sind sie in Wirklichkeit asexuell). Diese Geister der Elemente sind im modernen Wicca als die Mächtigen und in der zeremoniellen Magie als die Herren der Wachtürme bekannt.

Es sind Djinn, Herr der Salamander (Feuergeist); Niksa, Herr der Undinen (Wassergeister); Ghob, Herr der Gnomen (Erdgeister); und Paralda, Herr der Sylphen (Luftgeister). Diese Elementargeister wurden zum ersten Mal von dem mittelalterlichen Okkultisten Paracelsus beschrieben, der ihre Namen in klassischen Quellen fand. Salamander kommt von »salambe« und bedeutet »Feuerplatz«, »gnome« kommt von gnoma und bedeutet »Wissen«, »sipha« bedeutet »Schmetterlinge«, und »undine« kommt von unda oder »Welle«.

In der ägyptischen Magie werden die Elementarherrscher von den vier Kindern des falkenköpfigen Sonnengottes Horus repräsentiert, dem Sohn von Osiris und Isis. Sie sind bekannt als Toumantph, der Wächter des Feuers in Schakalgestalt; Kabexnuf, der Herr der Wassers in Habichtgestalt; Alephi, der Bewacher der Erde in Gestalt eines Affen; und Ameshut, der menschliche Regent der Luft. Eine weitere Darstellung der Herrscher der Elementarkräfte ist in der Kleinen Arkana des Tarots zu finden, wo sie Könige und Königinnen der Schwerter

(Feuer), Kelche (Wasser), Münzen (Erde) und Stäbe (Luft) genannt werden.

Djinns archetypische Form wurde bereits beschrieben, und die anderen Herrscher der Elemente sehen in menschlicher Gestalt traditionsgemäß so aus:

Niksa ist als Regent des Wasserelements flüssig und verändert sich ständig. Seine grünlich-blaue Aura ist mit silbernen und grauen Lichtstreifen durchzogen.

Ghob ist der Herr des Erdelementes und von untersetzter, schwerer Gestalt. Er kann als traditioneller Gnom oder Kobold visualisiert werden, der eine zeitlose Aura von Macht und Weisheit verströmt.

Paralda, der Herr über das Luftelement, ist eine geschmeidige, weiße Gestalt, aus blassen, blauen und grauen Nebeln zusammengesetzt. Seine Gestalt ist fein und verschwommen, und wie Niksa verändert er ständig seine Form.

Diese Beschreibungen der Elementarführer des magischen Kreises sind archetypische Bilder, die vom Magus visualisiert werden, um die Kraft, die der relevante Geistführer repräsentiert, zu kontaktieren. Sie sind rein imaginative Formen, werden jedoch der psychischen Vision eines Sehers oder Hellsehers in dieser Form erscheinen und sollten dem Magier in dieser symbolischen Gestalt im Gedächtnis bleiben.

Jedes der Elemente hat eine symbolische Bedeutung, und in Übereinstimmung mit dem alten hermetischen Grundsatz »Wie oben, so unten« existieren die elementaren Kräfte nicht nur in der physischen Welt der Natur, sondern werden auch in der inneren Welt der menschlichen Natur reflektiert. Eine kurze Beschreibung jedes Elements und seiner Eigenschaften wird nachfolgend gegeben.

Feuer repräsentiert Energie und Kraft. Es herrscht über Heilung, Kreativität, Reinigung, Zerstörung und sexuelle Energie. Es symbolisiert die Willenskraft des Magiers, die durch Rituale kanalisiert wird, um Veränderungen in der Persönlichkeit und Umwelt zu bewirken.

Wasser ist das elementare Prinzip der Bewegung und Veränderung. Es herrscht über die Vorstellung, die Emotionen, Inspiration, Träume, das psychische Bewußtsein und die Liebe.

Erde ist ein Symbol für Ausdauer und Stabilität. Es symbolisiert außerdem Natur, Fruchtbarkeit, Wachstum, Tod und Regeneration.

Luft repräsentiert Anpassungsfähigkeit und Ausdehnung. Dieses Element herrscht über Erinnerung, Kommunikation, Intelligenz, Visualisation und Konzentration.

Den Kreis ziehen

Es ist nicht immer notwendig, für okkulte Arbeiten einen magischen Kreis zu ziehen, aber wenn man die Absicht hegt, sollte man die folgenden Informationen beachten.

Gewöhnlich beginnt man mit dem Ziehen eines Kreises entweder im Osten oder Norden. In der okkulten Tradition und den heidnischen Mysterien wird der Norden als heilige Richtung und Heimat der ältesten Götter angesehen. Das liegt daran, daß die alten Glaubenssysteme und Mythen sich auf den Norden oder Polarstern beziehen, der im Schamanismus als *axis mundi* oder Zentrum des Universums betrachtet wurde. Der Osten ist traditionell (und in der Realität) die Richtung, aus welcher die Sonne jeden Morgen in der Dämmerung aufsteigt. In der esoterischen Tradition ist der Sonnenball ein Symbol der kreativen Lebenskraft, die das Universum durchdringt und erhält. Darum wird der Kreis gewöhnlich (tatsächlich oder in der Vorstellung des Praktizierenden) in der Richtung der Sonne gezogen, das heißt im Uhrzeigersinn. Es gibt jedoch auch Beispiele, in denen der Kreis gegen den Uhrzeigersinn gezogen wird, wenn der Praktizierende beispielsweise negative Bedingungen oder unerwünschte Einflüsse bannt oder der Kreis nach Beendigung eines Ritual geschlossen wird.

Der Kreis kann mit einem speziell präparierten Zauber- oder anderen Stab oder unter Verwendung eines Fingers und der Kraft der Vorstellung gezogen werden, die das machtvollste magische Werkzeug überhaupt ist. Welche Methode auch immer man auf der physischen Ebene anwendet – der Kreis muß auch auf den geistigen und astralen Ebenen geschaffen werden. Dies geschieht, indem man sich einen Ring aus blauem Licht oder Flammen vorstellt, die dort auftauchen, wo unsere Hand oder unser magisches Instrument hinzeigt. Diese Technik wird auch bei der Bildung des Kreises des psychischen Selbstschutzes verwendet, wie in einem früheren Kapitel bereits erwähnt wurde.

Um dem magischen Kreis zusätzliche Kraft und

Schutz zu verleihen, kann man dann die Erzengel der Elemente und ihre entsprechenden elementaren Wächter anrufen. Man beginnt mit Raphael im östlichen Viertel, und bewegt sich im Uhrzeigersinn um den Kreis, wobei man jeden Engel wie folgt an seiner zugehörigen Himmelsrichtung anruft:

Erzengel Raphael/Michael/Gabriel/Uriel, ich bitte dich, diesen Kreis vor allen negativen Kräften und Gedanken zu schützen und zu bewachen, und gegenüber der magischen Arbeit, die in ihm getan wird, Wohlwollen zu zeigen.

Während man die Erzengel der Elemente anruft, visualisiert man sie, wie sie in ihren archetypischen Formen um den Kreis herumstehen. Um die elementaren Wächter zu beschwören oder zusammenzurufen, sollte man die folgenden Worte, wieder im Osten beginnend, in jedem Viertel wiederholen:

O Paralda/Djinn/Niksa/Ghob, Geist des Ostens/Südens/Westens/Nordens, ich beschwöre deine Gegenwart, um den Kreis während meines Tuns zu schützen.

Natürlich ist es töricht, zu glauben, der Praktizierende als bloßer Sterblicher befehle tatsächlich den großen kosmischen Kräften, die durch die Engelwesen personifiziert werden, den Kreis persönlich zu überwachen. Tatsächlich stimmt die Anrufung der planetarischen Engel zusammen mit der Visualisation ihrer archetypischen Bilder den Magus in die *Kraft* ein, die durch diese Formen des kosmischen Schöpfers repräsentiert wird.

Dies ist der Prozeß, der jedesmal einsetzt, wenn wir die Engelshierarchie während der Rituale der Kerzenmagie anrufen.

Den Kreis schließen

Wenn man das Ritual der Kerzenmagie (oder jede andere Art okkulter oder psychischer Arbeit) im Kreis abgeschlossen hat, wird er geschlossen. Man geht, beginnend vom östlichen Viertel, wieder um den Kreis herum und wiederholt an jedem Kompaßpunkt die folgenden Worte:

Erzengel Raphael/Michael/Gabriel/Uriel, ich danke dir für deine Hilfe bei meinen magischen Bemühungen und für den Schutz des Kreises während des Großen Werkes.

Um die elementaren Wächter zu entlassen, werden die folgenden Worte an jedem Viertel rezitiert, wiederum beginnend im Osten:

O Paralda/Djinn/Niksa/Ghob, Geist des Ostens/Südens/Westens/Nordens, ich danke dir für deine Anwesenheit bei diesem Ritual und entlasse dich hiermit aus dem Kreis.

Die vier Kerzen im Kreis werden dann gelöscht, und man stellt sich vor, wie die magischen Bilder der Erzengel der Elemente und der elementaren Wächter verblassen. Wie früher bereits erwähnt, kann der Kreis geschlossen werden, indem man gegen den Uhrzeigersinn um ihn herumgeht. Manche Praktizierenden kehren die Entlassungssequenz der Engel und Elementarwesen sogar um. Nachdem man den Kreis geschlossen hat, ist es ratsam, sich zu »erden«, indem man eine Mahlzeit einnimmt, besonders, wenn man vor dem Ritual eine Zeitlang nichts gegessen hat. Sex ist eine andere schöne Art, um die Spannung abzubauen, die während magischer oder psychischer Arbeit oft entsteht.

Dies ist also der wahre magische Kreis. Es gibt keine menschlichen Schädel, Katzenköpfe, Ziegenhörner oder irgend etwas anderes an unheimlichen Utensilien aus den Horror-Videos oder okkulten Thrillern. Wie alle authentischen Formen magischer Praxis ist auch diese einfach, direkt und harmlos.

12. Kapitel

ALLGEMEINE RITUALE UND WEISSAGUNG MIT KERZEN

*I*n diesem Kapitel möchte ich den Studenten der Kerzenmagie mit einer Auswahl zusätzlicher Rituale bekanntmachen, die für verschiedene Zwecke verwendet werden können. Sie gehören in keine spezielle Kategorie, verdienen aber gesondert in einem separaten Kapitel erwähnt zu werden.

Das Wunschtraum-Ritual

Bei der Bekanntmachung mit der Kerzenmagie wurde klar, wie wichtig das Unbewußte für die Empfänglichkeit der visuellen Bilder ist. Im Wunschtraum-Ritual ist dieser Aspekt besonders wichtig, um erfolgreich zu sein. Dabei wird mit der Kraft des Unbewußten ein geschickter magischer Trick angewendet, indem man eine projizierte Gedankenform benutzt.

Wählen Sie zuerst eine Kerze aus Ihrem Vorrat aus, den Sie ausschließlich zur Verwendung in der Magie aufbewahren. Je nach Gegenstand des Wunsches sollte eine Kerze der entsprechenden astralen Farbe ausgewählt werden. Gehen Sie sanft mit der Kerze um, um sich auf ihre spezielle Farbschwingung einzustimmen. Was die Vorbereitung durch Ölen betrifft, so arbeiten Sie vorsichtig, damit die Kerze nicht bricht oder das Wachs in der Wärme der Hand schmilzt. Während man die Kerze bearbeitet, sieht man vor seinem geistigen Auge den Wunsch und das genaue gewünschte Endresultat des Rituals.

Wenn man dies erledigt hat, plaziert man die Kerze in einer Ecke des Schlafzimmers, so daß sie sich direkt gegenüber des Schlafplatzes befindet. Man zündet die Kerze eine Stunde, bevor man zu Bett geht, an, so daß man genügend Zeit hat, das Ritual durchzuführen. Wenn man die Kerze anzündet, sagt man:

Erzengel Uriel, planetarischer Engel des Uranus, ich bitte in dieser Nacht um deine Hilfe und Inspiration. Webe dein magisches Netz, während ich schlafe; gewähre mir den innersten Wunsch, der jetzt in meinem Herzen ist.

Nachdem man Uriel angerufen hat, muß der Wunsch in konkreter Form ausgedrückt werden, damit er sich erfüllt. Dazu braucht man ein sauberes Stück Papier (jungfräuliches Pergament oder die Haut eines bei Neumond geopferten schwarzen Lammes ist nicht erforderlich, da dies moderner Krimskrams der Magie ist!). Das Papier soll leer sein, und man zeichnet mit einem Bleistift, einer Kreide oder einem Filzstift ein einfaches Bild seines Gegenstandes.

Dies muß natürlich kein Kunstwerk sein, denn in magischem Wirken sind Absicht und Hingabe wichtiger als künstlerisches Talent — eine gute Nachricht für diejenigen unter uns, die in Kunst schlechte Noten in der Schule hatten. Der Gedanke, der sich *hinter* dem Bild verbirgt, ist viel wichtiger. Im Wunschtraum-Ritual benutzt man ein visuelles Bild, um die Kräfte des Unbewußten freizusetzen und wahr werden zu lassen, was immer man sich wünscht.

Laßt uns zum Beispiel annehmen, daß man daran denkt, in ein anderes Haus zu ziehen, und ein passendes neues Heim finden möchte. Auf das Blatt Papier sollte man ein Bild des idealen Heims zeichnen – nur der Umriß genügt, vielleicht mit der Anzahl der Fenster, der Haustür und dem Gartentor. Alternativ dazu könnte man vielleicht ein Bild aus einer Zeitschrift ausschneiden und dies verwenden, oder man verwendet – wenn es um ein bestimmtes Haus geht – ein Foto aus dem Prospekt des Maklers.

Wenn das Bild fertig ist, sollte man Uriel wie folgt um Hilfe anrufen:

Erzengel Uriel, planetarischer Herrscher des Uranus, drehe das Rad des Glücks und gewähre mir heute nacht meinen Wunsch.

Man sitzt einige Minuten lang still und meditiert über dem Wunschbild, das man geschaffen hat. Dann nimmt man das Stück Papier und faltet es vorsichtig in drei Teile. Das gefaltete Stück Papier legt man unter das Kopfkissen, bevor man ins Bett geht. Lassen Sie die Kerze in den Stunden der Dunkelheit abbrennen, und stellen Sie sicher, daß dies ungefährlich ist. Am Morgen nimmt man das Papier hinter seinem Kopfkissen hervor und spricht folgende Worte:

Erzengel Uriel, Herr des Uranus, ich danke dir für deine Hilfe in dieser Angelegenheit, mögen meine Träume durch deine Kraft wahr werden.

Das gefaltete Papier wird dann in der Flamme der Kerze verbrannt und die Asche aufgehoben.

Während der Nacht ist das visuelle Bild, das man kreiert hat, in den unbewußten Geist eingetreten, und durch die Anrufung des Engels haben Sie damit begonnen, die magischen Ebenen so zu gestalten, daß Ihr Wunsch in der physischen Welt manifestiert werden wird.

Uriel ist der Engel des Unerwarteten, der plötzlichen Veränderung von Umständen oder unvermuteter Glücksmomente. Da er die Elektrizität beherrscht, ist er der Erzengel, der den »Blitz aus heiterem Himmel« produziert, der Umstände verwandeln, stagnierende Zustände wieder in Bewegung bringen oder das Leben zum Besseren verändern kann. Daher ist er der ideale Schutzherr für diese Art von Ritual.

Erwarten Sie trotzdem nicht am nächsten Morgen einen Anruf vom Makler, der eine bombastische Summe für Ihre Einfamilienhaushälfte bietet, so daß Sie ein Landhaus mit acht Hektar Land kaufen können. Noch sollten Sie erwarten, im Fußballtoto ein Vermögen zu gewinnen oder im örtlichen Supermarkt der Liebe Ihres Lebens zu begegnen. Wie bei allen Akten der Kerzenmagie müssen die Ziele realistisch sein, aber die Ergebnisse Ihrer Handlung könnten Sie dennoch angenehm überraschen.

Astralreisen

Eine Variante des Wunschtraum-Rituals kann auch für astrale Reisen verwendet werden, die heute in der Wissenschaft oft »außerkörperliche Erfahrungen« genannt werden. Im okkulten Glauben hat unser Körper ein astrales oder ätherisches Gegenstück, das an keine physische Form gebunden ist und mit Lichtgeschwindigkeit zu jedem Ort auf dem Planeten oder in andere Dimensionen und die geistige Welt reisen kann. Dieser astrale Doppelgänger ist durch eine »Silberschnur« mit dem physischen Körper verbunden, so daß er jederzeit zurückkehren kann. Diese psychische Nabelschnur zerreißt nur im Augenblick des Todes, wenn die Seele ihr physisches Fahrzeug verläßt und in die Anderswelt hinübergeht.

Man entzündet die Kerze wieder so, wie es im Wunschtraum-Ritual beschrieben ist. Diesmal sollte man jedoch eine silberne Kerze verwenden und den Erzengel Asariel anrufen, den planetarischen Engel des Neptun. In okkulter Lehre und okkulten Mythen hat Asariel die Herrschaft über psychische Kräfte und die astrale Ebene. Er sollte wie folgt angerufen werden:

Herr Asariel, Herrscher der astralen Sternenreiche, zeige mir in meinen Träumen den Ort, den ich zu besuchen wünsche.

Schreiben Sie auf ein Stück sauberes, leeres Papier den Namen des Ortes oder der Person, die Sie astral besuchen möchten. Falten Sie es in Drittel und legen Sie das Papier unter Ihr Kopfkissen, bevor Sie zu Bett gehen. Während der Nacht werden Sie den Ort besuchen, den Sie genannt haben. Wenn Sie Ihren Astralkörper benutzen wollen, um eine bestimmte Person zu besuchen, sollten Sie dabei seine oder ihre Privatsphäre respektieren und der Versuchung widerstehen, zum astralen »Spanner« zu werden.

Die Zukunft voraussagen

Kerzenmagie kann verwendet werden, um die Zukunft mit Hilfe der Erschaffung eines *magistellus* oder Schutzgeistes vorauszusagen. Im Mittelalter arbeitete keine Hexe oder kein Zauberer, der etwas auf sich hielt, ohne einen Schutzgeist, der beim Weissagen eine große Rolle spielte. Um Ihren eigenen *magistellus* zu erschaffen, wählen Sie eine neue Kerze aus Ihrem Vorrat. Für diese magische Tätigkeit ist eine schlichte weiße wahrscheinlich am besten. Man richtet sie her und spricht dann:

Geschöpf der Kerze, im Namen der planetarischen Engel beschwöre ich dich, mein magistellus *zu sein.*
Kerze des Lichtes, Geschöpf des Feuers, ich beauftrage dich, mir die Geheimnisse der Vergangenheit, Gegenwart und Zukunft zu offenbaren.

Man zündet die Kerze an und plaziert sie auf dem Altar; der Schreibtisch- oder Tischplatte. Sehen Sie in die Flamme, und Sie werden feststellen, wie sie steigt und fällt, größer und kleiner wird. Sie können Ihre Hand über die Kerze halten, anfangs zur Sicherheit mehrere Zentimeter darüber, um die Flamme nach oben und unten zu ziehen. Sie wird auf die aurischen Ausstrahlungen Ihrer Haut reagieren, die von der Handfläche und den Fingern ausgehen.

Mit ein wenig Übung werden Sie feststellen, daß Sie der Flamme befehlen können, nach Ihrem Willen aufzusteigen und zu fallen. Man hat damit seine Herrschaft über das Feuer oder den Geist, der in der Flamme wohnt, deutlich gemacht. Wenn man dies einmal erreicht hat, kann man seinen Schutzgeist bei Problemen und in bestimmten Situationen um Rat fragen. Dies erreicht man mittels eines einfachen Frage-und-Antwort-Spiels, das das Aufsteigen der Flamme als »ja« und das Absteigen als »nein« benutzt. Wenn man das Feuerorakel zu Rate zieht, ist es unabdingbar, seinen Geist so frei von Gedanken zu halten wie möglich. Versuchen Sie – im Gegensatz zu der Feuerübung oben – nicht, die Bewegung der Flamme bewußt mit der Kraft des Geistes zu beeinflussen.

Wettermagie

In alten Zeiten beinhaltete die Naturmagie (zu der Kerzenmagie zählt) oft die magische Beeinflussung des Wetters. Meist wurde Hexen die Entfesselung von Stürmen zugeschrieben, und Seeleute pflegten von der örtlichen weisen Frau spezielle Zaubergegenstände, die aus verknoteten Schnüren bestanden, als Schutz zu kaufen. Diese Knoten wurden auf See gelöst, um in den Tagen der Segelschiffahrt Wind herbeizuzaubern. Kerzenmagie kann verwendet werden, um, wie in dem folgenden einfachen Ritual gezeigt wird, das Wetter zu verändern.

An einem wolkigen Tag plaziert man eine neue goldene oder orangefarbene Kerze auf dem Fensterbrett (in sicherem Abstand zu den Vorhängen). Man zündet die Kerze an und spricht:

Herr Lumiel, Engel des Morgens und der goldenen Dämmerung, höre meine Bitte: So wie dieses Licht hier unten leuchtet, fege die grauen Wolken hinweg und lasse die Sonne dort oben auf die Erde scheinen.

Nachdem man diese Worte gesprochen hat, meditiert man über der Kerzenflamme und stellt sich vor, wie die Wolken sich teilen, Flecken blauen Himmels erscheinen und dann die Sonnenstrahlen auf die Landschaft vor dem Fenster hinabscheinen. Dies tut man so lange, bis die Kerze niedergebrannt ist.

Mit der drohenden globalen Erwärmung ist es möglich, daß eher um Regen als um Sonnenschein gebeten werden wird. In diesem Fall kann die Kerzenmagie verwendet werden, um einen der »wäßrigen« Engel anzurufen, wie Gabriel oder Asariel.

Die Erde heilen

Im allgemeinen waren die okkulte Tradition, die magischen Künste und die heidnischen Religionen immer »umweltfreundlich«. Die Alten verehrten die Natur als Manifestation des Göttlichen, betrachteten die Erde als heilig und feierten die wechselnden Jahreszeiten mit religiösen Festen. Heute engagieren sich viele Okkultisten, Wiccas und Neo-Heiden aktiv in Umweltschutzgruppen wie »Greenpeace« und »Freunde der Erde«, und viele führen magische Rituale durch, um die natürliche Umwelt zu erhalten. Das folgende Kerzenmagieritual kann zu diesem Zweck verwendet werden.

Idealerweise sollte das Ritual im Freien durchgeführt werden. Obwohl der Praktizierende nicht im Adamskostüm erscheinen muß, sollte er mit nackten Füßen arbeiten, so daß direkter Kontakt mit den Erdenergien hergestellt werden kann. Für dieses Ritual werden fünf Kerzen benötigt, und sie sollten in den Farben Gelb,

Orange/Gold, Blau, Schwarz/ Braun (um die vier elementaren Viertel zu repräsentieren) und Grün (symbolisiert die Mutter Erde und den planetarischen Engel der Venus, Anael) gehalten sein. Da dies eine Arbeit im Freien ist, sollten die Kerzen in passende Behälter gesetzt werden, so daß sie nicht durch einen Luftzug ausgelöscht werden.

Die vier Engel der Elemente und die elementaren Wächter sollten eingeladen werden, das Ritual zu begleiten, wie in der Prozedur zum Ziehen des magischen Kreises beschrieben. Dann wird die grüne Kerze angezündet und die folgende Anrufung ausgeführt:

Erzengel Anael, Herr der Venus, ich/wir rufen deine Hilfe an, um Mutter Erde zu helfen und sie zu reinigen, im Namen des Großen Geistes.

Dann sollten an jeder der vier Himmelsrichtungen die planetarischen Engel, die die elementaren Kräfte repräsentieren, abwechselnd wie folgt angerufen werden:

Osten: *Erzengel Raphael, Herr des Merkur, Herrscher über Luft und Winde, ich/wir rufe(n) dich an, um die Mutter Erde zu heilen und sie und ihre Atmosphäre zu reinigen.*
Süden: *Erzengel Michael, Herr der Sonne, Herrscher über Feuer und Flamme, ich/wir rufe(n) dich an, um die Mutter Erde zu heilen und sie und ihre Energieressourcen zu schonen.*
Westen: *Erzengel Gabriel, Herr des Mondes, Herrscher der Wasser, ich/wir rufe(n) dich an, um Mutter Erde zu heilen und sie und ihre Meere zu reinigen.*

Norden: *Erzengel Uriel, Herr des Uranus, Herrscher über die Elementarkräfte der Erde, ich/wir rufe(n) deine Hilfe an, um Mutter Erde zu heilen und sie und ihren Boden zu reinigen.*

Man sitzt im Zentrum des Kreises und meditiert über dem Bild der Erde, wie es vom Weltraum aus zu sehen ist. Man visualisiert den Planeten umgeben von einem Heiligenschein aus blauem Licht und sieht seine Atmosphäre von Vergiftung, seine Meere von Abwasser und radioaktivem Abfall und seine Erde von chemischem Dünger und Giften gereinigt. Wenn die Meditation abgeschlossen ist, kann der magische Kreis auf traditionelle Weise geschlossen werden.

Wie bei allen Ritualen in diesem Buch kann der Praktizierende für die Darstellung der Engelskräfte die entsprechenden Archetypen aus seiner eigenen Götterwelt einsetzen. Ein Wort der Warnung jedoch: Es ist nicht ratsam, Götter aus verschiedenen Kulturen oder Götterwelten in demselben Ritual zu vermischen. Das kann zu geistiger Verwirrung führen!

13. Kapitel

RÄUCHERWERK-MAGIE

*J*ahrhundertelang war die Verbrennung von Räucherwerk zu magischen Zwecken eng mit der Kerzenmagie verknüpft. In einem früheren Kapitel haben wir gelernt, wie Kerzen mit Parfüm oder Körnern von Räuchermitteln präpariert werden können, damit beschwörende Düfte entstehen. In der Lehre der magischen Entsprechungen, die den Magier mit den natürlichen Kräften vertraut macht, die das Universum kontrollieren, kann Räucherwerk verwendet werden, um eine spezifische planetarische Energie zu kontaktieren. Es kann auch benutzt werden, um einen bestimmten, für magische Arbeit förderlichen Zustand des Bewußtseins oder der Atmosphäre herzustellen.

In alten Zeiten wurde Räucherwerk aus verschiedenen Gründen weithin für religiöse Zwecke verwendet. Zunächst einmal wurde es verbrannt, um einen angenehmen Duft zu verbreiten, der die Götter anlocken soll. Zweitens wurde es verwendet, um die unangenehmen Gerüche des Blutopfers zu überdecken und während der Beerdigungsriten für die Toten die Atmosphäre zu reinigen. Als die Menschheit sich weiterentwickelte und die grausame Opfergabe verboten wurde, wurde das Räucherwerk selbst zum harmlosen Ersatz für die dargebotenen Opfer. Schließlich wurde Räucherwerk benutzt, wenn Gebete gesprochen wurden, weil man glaubte, die

Bitten der Gläubigen würden auf den süßlich riechenden Rauchschwaden in den Himmel hinaufgetragen.

In der Geschichte wurde Räucherwerk von allen alten Völkern, einschließlich der Hebräer, oft bei religiösen Ritualen verwendet. In der Bibel findet sich das göttliche Gebot »Du sollst auch einen Räucheraltar machen« und »Aaron soll darauf räuchern gutes Räucherwerk alle Morgen« (Exodus 30,1 und 7). Die Hebräer verwendeten Räucherwerk im Haus, um Schlafkammern und Kleidung zu reinigen. Es ist fast sicher, daß die Kinder Israels die Verwendung von Räucherwerk von ihren heidnischen Nachbarn übernahmen, zu denen die Sumerer, Babylonier, Chaldäer, Kanaaniten und Ägypter gehörten.

Insbesondere die alten Ägypter waren Meister der Räucherwerkverbrennung. Es hieß, wenn eine weise Person starb, wurde ihre Seele auf den emporsteigenden Wolken aus Rauch aus den Weihrauchfässern der Tempel in die Hallen von Amenti, dem Wohnsitz der Götter, emporgetragen. Außer für religiöse Zwecke verwendeten die ägyptischen Ärzte Räucherwerk auch, um die Krankenzimmer ihrer Patienten zu reinigen. Sie verwendeten sie kombiniert mit aromatischen Parfümen aus ätherischen Pflanzenölen. Diese wurden in die Haut des Kranken einmassiert, und dieses magische Ritual ist historisch gesehen das Vorbild für die Aromatherapie der New Age-Bewegung.

Im alten Ägypten war die Mischung der Kräuter, Blumenextrakte, Harze und ätherischen Öle zur Herstellung von Räucherwerk eine Aufgabe, die als so wichtig angesehen wurde, daß sie wenigen speziell ausgebildeten Priestern vorbehalten war. Während des Herstellungsprozesses wurden magische Worte der Macht gesungen, danach wurde das Räucherwerk in versiegelten Tonbehältern aufbewahrt. Dies diente dazu, es vor der starken Wüstenhitze zu schützen und auch den Diebstahl durch jene zu verhindern, die es für magische Zwecke benutzen wollten. Jeder, der die Rezepte für das Tempel-Räucherwerk stahl, mußte der Todesstrafe ins Gesicht sehen, und seine Familie wurde von den Priestern verflucht. Das Räucherwerk, das die Ägypter herstellten, war so kraftvoll, daß die Teilnehmer der von Howard Carter und Lord Caernarvon geleiteten Expedition, die 1922 in das Grabmal des Knabenkönigs Tutenchamun führte, entdeckten, daß der subtile Duft des Räucherwerks, das während seiner Beerdigungsriten verbrannt worden war, immer noch in der Luft lag.

Vor Jahrhunderten wurden Räucherwerk und Salben aus sozialen Gründen nicht nur während religiöser Zeremonien und magischer Riten verwendet, obwohl ihre okkulten Eigenschaften immer noch als Hauptzweck gesehen wurden. Da die Zutaten für die Herstellung von Räucherwerk oft sehr teuer waren und importiert werden mußten, wurde die Verbrennung von Räucherwerk zum Statussymbol der Reichen. Schon immer haben Kurtisanen und Königinnen Räucherwerk und exotische Öle zu Verführungszwecken benutzt. Es heißt, daß Kleopatra, die eine Priesterin der Isis und in den okkulten Künsten sehr versiert war, ihre Liebhaber mittels ihres kundigen Wissens über seltenes Räucherwerk und Öle, welche sie in ihren königlichen Gemächern in silbernen Gefäßen verbrannte, gefügig machte. Es wird außerdem erzählt, daß die Königin ihre Gewänder mit einem speziell hergestellten, nach Moschus duftenden

Parfüm, das Männer vor Verlangen wahnsinnig machte, getränkt habe.

Im Mittelalter wurde Räucherwerk von Magiern verwendet, wenn sie die Geister heraufbeschwörten. Man glaubte, daß ein Elementargeist den Rauch des Räucherwerks benutzen konnte, um eine Gestalt anzunehmen. Er konnte sich in dem »Dreieck der Kunst« materialisieren, das vom Magus außerhalb seines magischen Kreises für diesen Zweck gezogen worden war. Oftmals wurden für das mittelalterliche Räucherwerk allerdings grausige Zutaten verwendet, die eher der Fantasie des Magiers als dem gesunden Menschenverstand entsprangen. Ein Grimoire mittelalterlicher Magie beschreibt ein Räucherwerk, das dem Magier angeblich half, die Geister des Mondes zu rufen. Es bestand aus der zerdrückten Wurzel einer Alraune (der englischen weißen Zaunrübe), die in einer Vollmondnacht von einem Hund aus dem Boden gerissen werden mußte, getrockneten Blumen der Winde, den Samen einer Mohnblume und einer Prise Sulfur. Diese Mischung wurde zermahlen. Man stellte unter Beimischung des Blutes einer schwarzen Katze eine Paste daraus her und verbrannte sie.

Hier können wir sehen, wie das Gesetz magischer Entsprechungen arbeitet, sie jedoch im Volk aufgrund von Unkenntnis der okkulten Prinzipien, die hinter der Magie stehen, verfälscht wurden. Zaunrübe, Winde und Mohn sind Blumen, die den Mondgöttinnen heilig sind, die in heidnischen Zeiten verehrt wurden. Man glaubte, daß Alraunen schrien, wenn sie aus dem Boden gezogen werden − daher die Verwendung eines Tieres, um die Tat zu vollbringen, denn man war der Meinung, jeder,

der den Lärm hörte, würde verrückt werden. Tatsächlich erzeugen Alraunen aufgrund ihrer tiefen Wurzeln ein quietschendes Geräusch, wenn sie herausgezogen werden, und der Aberglaube im Volk machte mehr daraus. Der Zusatz von Sulfur und Katzenblut (auch wenn Katzen von abergläubischen Menschen oft als Kreaturen des Mondes betrachtet werden) ist nur zur Effekthascherei da, was die mittelalterliche Magie leider sehr stark kennzeichnet.

Verwendungsmöglichkeiten von Räucherwerk in heutiger Zeit

Heutzutage können Studenten der magischen Künste Räucherwerk entweder zur Entspannung während der Meditation oder zur Kontaktaufnahme mit den archetypischen Energien verwenden, die von den planetarischen Engeln oder heidnischen Göttern repräsentiert werden. Die Düfte, die bei magischen Ritualen verwendet werden, kann man herstellen, indem man verschiedene Medien verwendet. Wahrscheinlich ist es am einfachsten, den Duft bestimmter Blumen, die den göttlichen Kräften heilig sind, freizusetzen, indem man ihre Blätter zerdrückt. Ätherische Öle können auch aus Pflanzen extrahiert und als Parfüm oder als Salbe verwendet werden. Alternativ dazu wird das getrocknete Blätterwerk von Kräutern und Blumen verbrannt, um eine aromatische Wirkung zu erzielen. Verschiedene Arten von gemischtem Räucherwerk sind heutzutage bei Händlern von Produkten für magische Handlungen erhältlich, obwohl diese dazu tendieren, sie in kleinen

Mengen zu hohen Preisen anzubieten. Zur allgemeinen Räucherung sind Produkte guter Qualität bei Händlern für religiöse Gebrauchsgegenstände erhältlich. Ein Beispiel ist die berühmte Kollektion von Räucherwerk, die von den Benediktinermönchen der Prinknash Abtei in Gloucestershire hergestellt wird.

Einige praktizierende Okkultisten mischen ihr eigenes Räucherwerk, was ein billiges und auch interessantes Hobby ist. Die Situation hat sich seit der Zeit, als ich mit dem Studium der magischen Künste begann, dramatisch verändert. Durch die »Hippies« in den Sechzigern und Siebzigern und dem gegenwärtigen New-Age-Interesse an Aromatherapie ist jetzt eine große Bandbreite von natürlichen ätherischen Ölen in den Geschäften erhältlich. Kräuter werden bei Naturkosthändlern zum Kauf angeboten, oder man kann eine große Auswahl an Samen bekommen, wenn man seine eigenen Pflanzen anbauen möchte. In der Fabrik hergestelltes Räucherwerk gibt es in zwei Hauptformen: Körner (Pulver) oder Räucherstäbchen. Die Verwendung letzterer hat offensichtliche Vorteile, da sie ohne weiteres erhältlich und einfach zu verwenden sind. Leider ist das Duftspektrum aufgrund ihrer Herkunft aus den östlichen Ländern sehr begrenzt. Für den Anfänger sind sie jedoch oft eine ideale Möglichkeit, zu geringen Kosten Räucherwerk zu verbrennen, und können aus diesem Grunde empfohlen werden.

Räucherwerk in Körnerform ist etwas schwieriger zu verwenden und erfordert einiges an Ausrüstung. Wiederum werden Händler für religiöse und manchmal auch für magische Gegenstände professionelle Weihrauchfässer liefern können, wie sie in Kirchen verwendet werden. Hier ist ein Wort der Vorsicht angebracht, weil sie für den Ungeübten schwer zu handhaben sein können. Es kann sein, daß sich die Ketten verheddern, und Brandgefahr und Verletzungen sind nur einige der Risiken, die der Benutzer eingeht, wenn er sie in einem begrenzten Raum verwendet. Wenn man bei der Arbeit auf sich allein gestellt ist, wie es dieses Buch vorsieht, kann die Anstrengung und Disziplin, die erforderlich ist, um ein Weihrauchfaß zu schwingen, außerdem ein ernsthaftes Hindernis für die Konzentration sein.

Dies ist der Grund, warum ich die Verwendung eines passenden feststehenden Gegenstandes empfehlen möchte, der leicht selbst hergestellt werden kann, indem man eine kleine Steingutschale mit Sand füllt. Dies ergibt ein sehr gutes Weihrauchfaß und kostet nur ein paar Pfennige. Darin kann Räucherwerk sicher verbrannt werden, entweder indem man Körner auf einen sich selbstentzündenden Block Kohle streut, oder die Räucherstäbchen direkt in den Sand steckt. Die Behälter aus Metallfolie, in denen Tiefkühlprodukte manchmal verkauft werden, können ebenfalls provisorisch zur Räucherwerkverbrennung verwendet werden. Mit Löchern versehen, damit Luft hineingelangen kann, dreht man sie um und setzt den Kohleblock obendrauf. Alternativ dazu können in den umgekehrten Behälter kleine Löcher gebohrt werden, in die man Räucherstäbchen steckt.

Wie wir aus der modernen wissenschaftlichen Forschung wissen, ist Geruch ein sehr wichtiger Aspekt des menschlichen Sinnesmechanismus. Die natürlichen Gerüche des Körpers spielen beispielsweise bei den chemischen Reaktionen, die bei der sexuellen Anziehung zwischen Männern und Frauen ablaufen, eine wesentliche Rolle. Andere Gerüche, ob angenehm oder nicht, können als mentale Stimulation agieren und visuelle Bilder im Geist auslösen, die nostalgische Erinnerungen der Vergangenheit heraufbeschwören. Auf der psychischen und magischen Ebene sind verschiedene Aromen fähig, Abstufungen von Schwingungen in der Atmosphäre zu produzieren. Okkultisten sind der Meinung, daß diese Schwingungen bestimmte Einflüsse anziehen oder Veränderungen im Bewußtsein verursachen, die der Hauptgegenstand jedes magischen Rituals sind.

Jedes der astrologischen Zeichen und jeder der Planeten hat seine eigenen, mit ihm verbundenen individuellen Kräuter, Blumen und Aromen in der Lehre der Entsprechungen der Magie. Durch die genaue Beschäftigung damit kann der angehende Magus das korrekte Räucherwerk oder ätherische Öl verwenden, das die für ein Ritual wichtigen Energien anspricht. Details dieser Entsprechungen werden nachfolgend, unter Verwendung der planetarischen Regentschaft als wichtigstem Indikator, angegeben.

Sonne: Astrologisch regiert die Sonne das Tierkreiszeichen des Löwen, und seine planetarische Herrschaft steht unter dem Einfluß des Erzengels Michael. Die Blumen und Kräuter, die mit dem solaren Gestirn verbunden sind, sind Sonnenblume, Ringelblume, Heliotrop, Safran und Rosmarin. Traditionell ist Weihrauch das Räucherwerk, das für magisches Wirken verwendet wird, um die solaren Energien zu kontaktieren.

Mond: In der Astrologie regiert der Mond den Steinbock und steht unter der Engelsherrschaft von Gabriel. Die folgenden Blumen und Kräuter sind der lunaren Einflußsphäre zugeteilt: Winde, Mohn, Kampfer, Patschuli, Narzisse, Madonnenlilie und Jasmin.

Die Parfüms, die mit dem Mond assoziiert werden, sind von der schweren Art, die Schläfrigkeit verursacht oder – wie im Falle des Schlafmohns – narkotisierende Wirkung hat. Dies paßt zu der magischen Entsprechung der lunaren Sphäre, die mit der Psyche, Träumen und Intuition verbunden ist.

Merkur: Nach dem klassischen System regiert Merkur die Sternzeichen Jungfrau und Zwillinge und steht unter der Herrschaft des Erzengels Raphael. Räucherwerk für die Anrufung dieser planetarischen Energie sollte aus Sandelholz, Minze, Gewürznelke, Zimt, Verbene, Majoran oder Limonenblättern komponiert sein. Dies sind Parfüms mit einem scharfen, beißenden Geruch, die stimulierend wirken.

Venus: Astrologisch regiert dieser Planet die Tierkreiszeichen Stier und Waage, die die kontrastierenden Aspekte der venusischen Energie liefern, welche sich in der Liste der Entsprechungen widerspiegeln. Venus wird vom Erzengel Anael regiert.

Die Liste der Pflanzen und Aromen, die dem Planeten der Liebe heilig sind, umfaßt Ambra, Moschus, Eisenkraut, Veilchen, Bergamotte und Rosenholz. Einige davon sind mit dem sexuellen Aspekt der Venus verbunden, wohingegen andere weicher und süßer sind und auf eine romantischere Form der Liebe hinweisen.

Mars: Der rote Planet im solaren System regiert Widder und Skorpion, und sein Erzengel ist Samuel, der in der hebräischen Mythologie der Gefährte der Eulengöttin Lilith war.

Zu den Kräutern und Pflanzen, die unter der Herrschaft von Mars stehen, gehören Kiefer, Knoblauch, Kreuzkümmel, Ingwer, Paprika und Weißdorn. Diese Aromen sind scharf, würzig oder von adstringierender Wirkung, was die Sinne stimuliert.

Jupiter: Astrologisch gesehen beherrscht dieser Planet die Sternzeichen Schütze und Fische und wird vom Erzengel Sachiel regiert. Die pflanzlichen Entsprechungen für die Jupiter-Einflußsphäre sind Borretsch, Spanischer Flieder, Magnolie und Salbei. All diese haben einen Geruch, der als »erobernd« beschrieben werden könnte, was immer auf den Einfluß des Jupiter hinweist.

Saturn: Im Tierkreis beherrscht der dunkle Planet den Steinbock und Wassermann und wird vom Herrn der Zeit, Cassiel, regiert. Die Aromen, die mit dem Saturn assoziiert werden, sind Myrrhe, Bilsenkraut und Eibe, die den Todesaspekt dieser planetarischen Energie betonen. Räucherwerk dieser Art ist für die Riten der Verstorbenen passend.

Die Verwendung von Räucherwerk in magischen Ritualen hat mit der Kerzenmagie gemeinsam, daß sie auf dem wichtigsten Element basieren, das der Menschheit bekannt ist − Feuer. Wer Magie praktiziert, demonstriert Herrschaft über diese elementare Kraft, die seit alter Zeit eine zentrale Rolle im religiösen Glauben und im täglichen Leben gespielt hat. Kerzen- und Räucherwerk-Magie kann als eine der natürlichsten unter den magischen Künsten betrachtet werden und ist somit ideal für jene, die den okkulten Pfad zum erstenmal betreten.

14. Kapitel

Schlussfolgerungen für die Praxis

*W*ie bereits im 1. Kapitel angedeutet, verwende ich bewußt im gesamten Buch die Bilder von Engeln. Die meisten Menschen sind mit der Vorstellung von Engeln seit ihrer Kindheit vertraut. Dieses Buch wurde für Anfänger geschrieben, und daher werden die meisten Leser auf dem okkulten Pfad und in praktischer Magie Novizen sein. Ich hoffe, sie verstehen das Konzept der Engelshierarchie leicht und können bei der Kerzenmagie damit arbeiten.

Jene von Ihnen, die in diesen Dingen erfahrener sein mögen — besonders jene, die nicht-christlichen Glaubenssystemen folgen (und in unserer multikulturellen Gesellschaft steigt ihre Zahl trotz der Diskriminierung durch Medien und Fundamentalisten stetig an) —, können sie durch Namen und Bilder aus ihrer eigenen Götterwelt ersetzen. Sie sollten jedoch die Existenz der Engel nicht von der Hand weisen, da sie von den alten planetarischen Göttern der heidnischen Religionen des Mittleren Ostens abstammen. Letztendlich macht es wenig aus, welche Namen wir verwenden, das hängt nur von der jeweiligen Kultur ab, denn, wie die berühmte Okkultistin Dion Fortune so weise sagte: »Alle Götter sind ein Gott.«

Zwar hoffe ich, daß der Leser das Wesentliche der Kerzenmagie verstanden hat – trotzdem werden im folgenden die Grundregeln zusammengefaßt:

1. Kerzen und Räucherwerk werden verwendet, um »magische« Effekte herzustellen, da Kerzenlicht und der Geruch von Parfüm Veränderungen in der mentalen Wahrnehmung und der emotionalen Reaktion verursachen können. Sie ermöglichen es auch, sich besser zu konzentrieren, und haben die Macht, Einflüsse aus den astralen und spirituellen Ebenen der Existenz anzuziehen. Kerzen- und Räucherwerk-Verbrennung stellt den Rahmen für die Sinne dar, innerhalb dessen der Geist des Magus in einen empfangsbereiten Zustand eintreten kann, so daß er mit außerphysischen Kräften Kontakt herstellen kann. Obwohl diese Kräfte auf geistiger Ebene von archetypischen Bildern aus der Vorstellung des Praktizierenden repräsentiert werden, sollte der Magier in spe nicht der Illusion unterliegen, daß diese Kräfte nicht existieren würden.

2. Die unterschiedlichen Farben haben verschiedene Schwingungen und verschiedene Ebenen. Jede Farbe zieht einen besonderen Einfluß an, der sowohl eine spirituelle als auch psychologische Bedeutung hat. Derjenige, der Kerzenmagie betreibt, sollte darauf achten, die korrekte Farbe, wie sie in diesem Buch beschrieben wurde, für jeden Zweck auszuwählen.

3. Man kann eine Kerze verwenden, um in einem Ritual eine dritte Person anzusprechen, wobei man darauf

achten muß, daß sich die Farbe der Kerze auf das Geburtszeichen bezieht. Dies ist beispielsweise bei Heilungsritualen besonders nützlich.

4. Kerzen, die für Magie verwendet werden, sollten niemals wiederverwendet werden, insbesondere nicht für häusliche Zwecke, sondern man sollte sie vollständig abbrennen lassen. Wenn möglich, stellen Sie Ihre eigenen Kerzen her; aber wenn Sie sie in einem Laden kaufen müssen, feilschen Sie nicht um den Preis und zahlen Sie den dafür verlangten Betrag.

5. Vor der Verwendung richtet man die Kerzen stets »her« oder salbt sie. Diese einfache Handlung ist wichtig, da sie sie mit Ihren persönlichen Schwingungen »lädt« oder magnetisiert.

6. Geraten Sie nie in Versuchung, sich der Kerzenmagie zu bedienen, um Menschen gegen ihren Willen zu beeinflussen oder anderen aus zerstörerischen oder unmoralischen Zwecken Schaden zuzufügen. Vergessen Sie dabei nicht: Magische Kraft und psychische Energie haben eine »Pannensicherung«, wenn sie mißbraucht werden, und können dreifach zum Absender zurückkehren, was keine sehr angenehme Erfahrung ist.

7. Beachten Sie die kosmischen Gezeiten und handeln Sie nach ihnen. Arbeiten Sie mit diesen Gezeiten, wann immer möglich – nicht gegen sie. Einige einfache Regeln lauten, daß man bei zunehmendem Mond kosmische Energie anzieht, bei Vollmond damit psychisch arbeitet, bei abnehmendem Mond bannt und bei Neumond neue Projekte beginnt. Wenn Sie sich mit Lilith oder irgendeinem anderen Aspekt der dunklen Göttin nicht verwandt fühlen,

vermeiden Sie es, während des dunklen Mondes (drei Tage vor Neumond) irgendwelche magische Arbeit zu vollziehen.

8. Seien Sie immer besonders vorsichtig, wenn Sie Kerzen oder Räucherwerk verwenden, vor allem in abgeschlossenen Räumen. Feuer ist ein kraftvolles und gefährliches Element, um so mehr, wenn man es zu magischen Zwecken verwendet, und sollte mit dem angemessenen Respekt behandelt werden. Sicherheitsvorkehrungen sollten zu allen Zeiten Priorität haben, um Sie selbst und andere zu schützen. Idealerweise hat man einen Feuerlöscher stets griffbereit.

Diese acht Regeln sind grundlegend für Kerzen- und Räucherwerk-Verbrennung, und man sollte sie immer beachten. Vorausgesetzt, daß der Praktizierende einen gewissen Grad an Selbstdisziplin hat und gewillt ist, hart zu arbeiten, um Ergebnisse zu erzielen, wird er auch erfolgreich sein. Obwohl das Material, das in diesem Buch geliefert wird, für Anfänger gedacht ist, können Studenten, wenn sie einmal mehr Erfahrung haben, unter Verwendung der dargelegten Grundvoraussetzungen eigene Ideen verwirklichen. In der praktischen Magie gibt es keine mit Feuer geschriebenen Steintafeln, und Dogma ist für die meisten Magier ein Schimpfwort.

Erinnern Sie sich immer daran, daß es in der Magie wie im Leben zum großen Teil von Ihnen selbst abhängt, wie sehr Sie sich in eine Sache hineinhängen. Leute, die sehr wenig über echte Magie wissen (obwohl sie sich oft als Adepten bezeichnen – ein sicheres Zeichen, daß sie nichts dergleichen sind!), scheinen zu glauben, es gehe darum, sich in kunstvolle Kostüme zu kleiden, teure magische Ausrüstung zu kaufen, theatralische Riten durchzuführen und in irgendeine mysteriöse, jahrhundertealte Geheimgesellschaft eingeweiht zu werden. Andere glauben, man müsse lediglich »Worte der Kraft« in einer fremden Sprache murmeln (gewöhnlich eine, die seit langem tot ist), einen »Kraftkristall« tragen und mit einem magischen Schwert herumwedeln, und es würden Wunder geschehen.

Sie sind vielleicht ein Großer Wombat des siebten Grades und besitzen einen dreißig Zentimeter langen Zauberstab. Aber Sie leben in einer Fantasiewelt. Damit beweisen Sie nur Ihre Ignoranz und vermitteln den Menschen eine falsche Vorstellung von Magie. In der echten Magie ist nichts dergleichen zu finden, und auch in diesem Buch hat eine solche Vorstellung keinen Platz.

Die Praxis der Magie ist harte Arbeit, und doch ist sie auch, paradoxerweise, die Einfachheit selbst. Nur durch Arbeit in Harmonie mit den Kräften des Schicksals kann man jemals hoffen, Meister oder Meisterin des eigenen Geschickes zu werden. Die einfache Kunst der Räucherwerk- und Kerzenmagie ist der erste Schritt auf diesem langen Weg und kann als Aufstiegsmöglichkeit zu höheren Fertigkeiten auf dem spirituellen Pfad gesehen werden.

ANHANG

Entsprechungen in der Magie

	Sonne	Mond	Merkur
planetarischer Einfluß, herrscht über	Erfolg, Ehrgeiz, Karriere, physische Heilung, Finanzen, Beamtenstand, Sport	psychische Kräfte, das Zuhause, Träume, Geburt, Frauen, Seereisen	Kommunikation, Erinnerung, Bildung, geistige Heilung, Reisen, Handelsangelegenheiten, Schreiben, Schauspiel, Wiederfinden von verlorenem oder gestohlenem Eigentum
Tag der Woche	Sonntag	Montag	Mittwoch
Erzengel	Michael	Gabriel	Raphael
Göttergestalten	Apollo, Brigid, Helios, Lugh, Ra, Sekhmet	Artemis, Diana, Hathor, Hekate, Selene, Sin	Athene, Hermes, Merkur, Odin, Ogma, Thoth
Tierkreiszeichen	Löwe	Krebs	Zwilling und Jungfrau
Element	Feuer	Wasser	Luft
planetarische Farbe	Gold/Orange	Silber/Blau	Gelb
planetarisches Metall	Gold	Silber	Quecksilber
Räucherwerk	Weihrauch	Jasmin	Sandelholz
Blumen	Ringelblume, Heliotrop, Sonnenblume	Levkoje, Winde, Mohn	Farn, Ginster, Fenchel
Tier	Wildkatze	Krabbe	Hund
Vogel	Habicht	Eule, Ziegenmelker	Elster

VENUS	MARS	JUPITER	SATURN
romantische Liebe, Schönheit, Eheangelegenheiten, Musik, Umwelt, Mode, Künste	Maschinen, Mut, manuelle Geschicklichkeit, Männer, sexuelle Energie, schützt vor Feuer und Gewalt	Reichtum, sozialen Status, politische Macht, große Geschäfte, Glücksspiel, Rechts- und Versicherungsangelegenheiten	Besitz, alte Menschen, Karma, Erbschaften, Tod, Landwirtschaft
Freitag	Dienstag	Donnerstag	Samstag
Anael	Samuel	Sachiel	Cassiel
Aphrodite, Astarte, Eros, Frigg, Isis	Ares, Mars, Tiw	Dagda, Jupiter, Ptah, Thor, Zeus	Anubis, Bran, Chronos, die Nornen
Stier und Waage	Widder und Skorpion	Schütze und Fische	Steinbock und Wassermann
Erde	Feuer	Feuer	Erde
Grün	Rot	Violett	Braun/Schwarz
Kupfer	Eisen	Zinn	Blei
Rosenholz	Kiefer	Zeder	Myrrhe
Orchidee, Rose	Disteln, Nesseln	Spanischer Flieder	Chrysantheme
Katze	Widder	Bär	Schildkröte
Taube	Falke	Adler	Rabe

REGISTER